LAS SIETE CARPETAS DE ANGELIQUE

MARÍA LLADRÓ

LAS SIETE CARPETAS
DE ANGELIQUE

Un relato sobre la ética
en la empresa

EDICIONES RIALP
MADRID

© 2024 *by* María Lladró
© 2024 *by* EDICIONES RIALP, S.A.
   Manuel Uribe 13-15, 28033, Madrid
   (www.rialp.com)

Preimpresión: www.produccioneditorial.com

ISBN (edición impresa): 978-84-321-6875-8
ISBN (edición digital): 978-84-321-6876-5
ISBN (edición bajo demanda): 978-84-321-6877-2
ISNI: 0000 0001 0725 313X
Depósito legal: M-20164-2024

Impreso en España   *Printed in Spain*
                 Anzos, S. L. - Fuenlabrada (Madrid)

A quienes anhelan organizaciones éticas

ÍNDICE

¿QUIÉN ES CLARA?

ESTA ES LA HISTORIA reciente de Clara, una joven directiva en la flor de la vida que acaba de convertirse en la alta directiva más joven de su empresa, una compañía española de cosmética y productos naturales para el cuidado femenino. Este es el relato de sus descubrimientos en el terreno del liderazgo y de la dirección de personas. Lo que descubre, con la ayuda de la mano desconocida e inspiradora de Angelique, contrasta, cuestiona y reformula lo que le habían enseñado en el pasado: ahora ha encontrado nuevos matices y, sobre todo, ha conectado con la dimensión ética del liderazgo.

A Clara la vida le ha sonreído, no sin dificultades. Sin ellas, no valoraría el esfuerzo, el coraje ni la perseverancia. Sus padres le dieron el apoyo y el ánimo para que estudiara una carrera universitaria en Madrid. Clara finalizó su grado en Administración y Dirección de Empresas hace diez años. Su primer trabajo a jornada completa, lo encontró en una empresa familiar de telas para decoración, con una modestísima retribución. Aunque en ocasiones se le pasaba por la mente que cobraba muy poco para todo lo que hacía, tenía avidez por aprender y se esforzaba para estar a la altura. Clara era una corredora de fondo. Más adelante, quiso seguir estudiando y cursó un MBA internacional en inglés y más tarde un programa de Diseño y Creación de Marcas. Recibió notables alabanzas por parte de sus profesores, fue una alumna destacada porque le interesaba lo que estaba estudiando, y eso jamás pasa desapercibido entre los profesores.

Clara es una mujer fuerte, capaz, inclinada hacia el trabajo y el estudio. Apenas tiene aficiones de puro ocio y es la más seria de sus amigos. Su cabeza la domina por encima del corazón y puede ser calculadora por momentos. Sin embargo, en el tú a tú, aparece una Clara cercana, que no todos conocen.

No deja de sorprender que acabara interesándose tan fervientemente por los negocios porque ni de niña ni de adolescente había sentido atracción por estas materias. Su mente volaba por otros derroteros. Primero quiso ser profesora de matemáticas, porque era brillante en la asignatura y resolver problemas la estimulaba. Más tarde, quiso ser cantautora, pero ni su voz ni su oído musical estaban a la altura. Finalmente pensó en ser médico en países donde la pobreza y la falta de medios claman al cielo. Pero no hizo ninguna de esas cosas porque a medida que se aproximaba el acceso a la universidad le salió la vena racional y el deseo de una profesión más realista. Decidió entonces estudiar Administración y Dirección de Empresas. Sin aquella elección y el rumbo empresarial que emprendió, no estaríamos contando esta historia.

Clara es hoy una experta en gestión de marcas. Sus funciones le parecen enormemente seductoras: la idea de dar forma a las marcas y multiplicar su valor le atrae. Ella será nuestra protagonista. A lo largo del relato reflexionará a través de la estela que le ha dejado otra mujer, aprenderá a desaprender ideas o matices, para incorporar otros. Mientras contamos su historia, es posible que levante de vez en cuando la

mirada y nos contemple con sus vivos ojos ver-
de oliva, porque no deja de observar lo que ocurre a su alrededor. Sin su curiosidad por indagar
y saber, difícilmente habría hecho este viaje.

DIRECTORA DE MARCA

CLARA HABÍA SIDO contratada en la empresa pocos meses atrás, una empresa de productos naturales para el cuidado femenino. Entró para un puesto *staff,* de análisis y apoyo a la marca. Tenía que identificar tendencias, oportunidades, posición de los competidores, y dependía jerárquicamente de la directora general. Esta dependencia jerárquica fue un elemento motivador para dejar su anterior trabajo. Pensó que estando más cerca de la Dirección General tendría una perspectiva más amplia y mayores retos. Provenía de un importante grupo español de perfumería, donde había adquirido una experiencia en el mundo de las marcas internacionales.

Lo que Clara no sabía en el momento de su contratación es que la empresa tenía planeado ofrecerle un puesto de mayor responsabilidad, después de haber comprobado su aptitud y actitud; la Dirección de Marca estaba vacante. La filosofía de la empresa era la de permitirse conocer a la candidata de primera mano más allá de los méritos descritos en su currículum y de las referencias proporcionadas por personas de contacto en anteriores trabajos. Martina, la directora general, la observaba de cerca y la tutelaba con bastante precisión; estaba claro que quería comprobar su potencial y sus ganas. Los primeros cuatro meses transcurridos desde su fichaje fueron una muestra de la cautela de la compañía en sus nombramientos, máxime tratándose de alguien tan joven como ella.

De lo que Clara sí había sido informada es de que tendría la oportunidad de crecer profesionalmente. En la primera entrevista del proceso de selección, en la que estuvieron presentes la directora general y la directora de personas, le informaron de que la persona contratada tendría la oportunidad de promocionar si realmente se lo ganaba. La circunstancia concreta de que la Dirección de Marca estuviera vacante, y pendiente de ser cubierta, quedó difusa, porque ni la directora general ni la directora de personas tenían intención de hablar de ello. Ya incorporada, estuvo cuatro meses trabajando intensamente para hacer realidad la expectativa de promoción, pero no imaginó que esta se materializara tan pronto.

Cuando Martina la convocó a su despacho para ofrecerle el puesto de nueva directora de marca, comprendió sin dilación que Martina la había contratado albergando la esperanza de que fuera a encajar en ese puesto. Por supuesto dijo que sí, faltaría más. Sintió una gran alegría al comprobar que la directora general era fiel a sus palabras incluso con mayor generosidad de la que podía esperar. No había sido engañada con falsas promesas y se felicitó a sí misma por haber apostado por la empresa. En la empresa de perfumería, Clara lo había dado todo a cambio de una promesa de un crecimiento profesional que nunca llegaba. Ante las torpes excusas que le daban sus jefes, Clara comprendió que sus superiores no tenían la voluntad de cumplir las expectativas creadas, y que estas no habían sido más que un gancho para atraer a gente válida. Finalmente se cansó y se despidió voluntariamente.

Recordó lo que uno de sus profesores de universidad —uno al que había llegado a apreciar sinceramente— explicaba a propósito de las falsas expectativas. Aquel hombre, a punto de jubilarse y con una extensa trayectoria en dirección de ventas, alertaba a los alumnos de un error que se cometía habitualmente en la selección de personal. No podía transmitirse a los candidatos la idea de que iban a tener un trabajo casi idílico, viajando por el mundo, conociendo ciudades y comiendo en restaurantes. La verdad es que también tendrían que soportar horas de aeropuerto, cambios horarios, cenas de trabajo interminables cuando uno ya anda reventado, y estar lejos de casa. El entrañable profesor pretendía que sus alumnos entendieran que contratar a vendedores animados por falsas expectativas era un desperdicio de tiempo y de dinero para la empresa. Solía decir que la formación práctica del vendedor se hace viajando y visitando el mercado, lo cual hace que su formación sea especialmente cara. «Si el vendedor se va al poco tiempo, no amortizas el coste de formación», concluía. El recuerdo de aquel amable profesor le hizo sentir bien.

Clara estaba enormemente feliz con su reciente nombramiento. Llamó a Iván para darle la noticia, y luego a sus padres y también a su hermano. No era para menos: los meses anteriores habían sido agotadores. Solía quedarse trabajando hasta tarde porque quería demostrar su valía. Afortunadamente, Clara e Iván compartían la opinión de que el desarrollo de sus respectivas carreras profesionales era prioritario, así que llegar tarde a casa no suponía un problema. Por su parte, Iván era un abogado capaz y ambicioso que había decidido llegar alto en su firma de abogados. Clara estaba convencida de que llegar a entender el negocio, la identidad de la marca, los proyectos en marcha, las motivaciones de compra, el perfil de las consumidoras y la tecnología diferencial de los productos era todo un reto que requería alta dedicación. Un reto inacabado que seguiría descubriendo, pero ya no como *staff* de apoyo sino desde una posición directiva, con planes, presupuestos y personas a su cargo. Pese a la posición conseguida, Clara continuaba viéndose a sí misma como alguien que debía seguir sembrando, más que cosechando.

Tras la comunicación del ascenso, Martina convocó a la nueva directora de marca y a las que iban a ser a partir de entonces sus subordinadas inmediatas, para comunicarles la noticia.

Se trataba de tres mujeres a las que Clara ya conocía. Había tenido la oportunidad de hablar con ellas en contadas ocasiones durante los meses que ocupó la posición *staff* de apoyo a la marca. Pero ahora la situación era diferente.

La directora de personas, Patricia, pidió a Clara que la acompañara. Ella la siguió, percibiendo el característico perfume francés de aquella atractiva mujer de mediana edad que cuatro meses atrás le había presentado y explicado su contrato de trabajo para que lo firmara.

—Este será tu despacho —dijo Patricia—. Hay que hacer algunos arreglos… cambiar la moqueta, pintar y poner una pequeña mesa redonda de reuniones para que no tengas que ir siempre a la sala grande… Lleva más de seis meses vacío —añadió—. La última ocupante fue tu predecesora en la dirección de marca.

—Algo he oído… ¿por qué se fue?

—Encontró nuevos horizontes personales —respondió Patricia con cierto aire enigmático—. Parecía muy feliz con la idea de emprender ciertas cosas que decía que tenía pendientes… Fue una emotiva despedida la de Angelique, era una persona muy querida en la empresa.

—Angelique... —repitió Clara en voz baja.

—Sí, Angelique, así se llamaba. Una mujer muy inteligente. Española, de madre francesa y padre español.

—¿Y dices que era muy querida? Suena atípico en una jefa...

—Pues lo era, en general sí —insistió Patricia—, aunque también es cierto que con alguna gente no encajaba.

—Mi anterior jefe no era exactamente querido que digamos... —dijo Clara tras reflexionar un instante—. Era un tipo preparado, pero muy duro y bastante autoritario. Nos llevaba con una disciplina tremenda hacia los objetivos...

—Bueno —prosiguió la directora de personas—, quizá debas saber que Angelique no era exactamente una mujer blanda o conformista. Era muy exigente. Cuando por algún motivo se cometían errores que afectaban a los clientes había que oírla. Su voz, normalmente serena, se transformaba. En mi vida he visto a nadie que defendiera la marca y la calidad de los productos como ella.

—Pero ¿a qué te refieres con que era querida? —quiso saber Clara, pensando en que de algún modo se la iba a comparar con ella.

—Sabía escuchar y se enfocaba hacia las soluciones… —le contestó su interlocutora.

—Por supuesto, ¿qué otra cosa se puede hacer? Esa es nuestra labor, proyectar y buscar soluciones —enfatizó Clara.

—En fin, quizá otro día tengamos tiempo para hablarlo… —Patricia hizo una pausa y echó un nuevo vistazo al despacho—. A lo que íbamos: la idea es hacer la reforma en agosto, para eso solo falta mes y medio… Mientras tanto tendrás que utilizar el despacho tal y como está.

—Sin problema —asintió Clara.

—Y, por cierto —dijo Patricia como recordando algo— te recomiendo que aproveches para revisar los archivos y ponerte al día de la documentación que hay.

Tras aquella conversación, la nueva directora de marca se sentó en su silla y recorrió con la mirada el despacho. No le importaba tener que esperar unas semanas a tenerlo arreglado. Lo que realmente le importaba era el orden, la limpieza y la armonía del espacio, motivados en parte por su alergia a los ácaros y por su tendencia a creer en la influencia sanadora de ciertas energías.

Esa tarde —con la ayuda de Manuel, uno de los operarios de mantenimiento— trasladó todas sus cosas al nuevo despacho, que estaba en otra de las plantas del mismo edificio. No había tardado mucho en recoger sus documentos de trabajo y su portátil, tampoco en intercambiar algunas frases con sus compañeras de oficina, porque no era una despedida real. Pero se acercó a la mesa de Belén, la secretaria de la directora general, y le dio las gracias con una generosa sonrisa. Con ella sí que había establecido una buena amistad. Recordó por unos instantes el día de su llegada y las primeras impresiones de la oficina que ahora dejaba.

El encuentro con Manuel fue ocasión para una charla amistosa. Este le explicó que estaba pendiente de que le llamaran en cualquier momento, porque su mujer estaba a punto de dar a luz: esperaban un niño. Pero no le llamaron y Manuel pudo acabar de hacer el traslado.

Ya en el nuevo despacho, Clara se entretuvo mirando los títulos de los libros que llenaban la estantería. Debía esperar unos minutos porque un informático estaba terminando de configurar algo en su ordenador. Así que curioseó de pie, examinando también los distintos archivadores. Observó el ambiente de la oficina. Algunos iban o venían, otros estaban reunidos en sus despachos, hablaban por teléfono o escribían frente al ordenador. Algunas mesas estaban vacías. Le gustaba la vida de una oficina.

Su objetivo más inmediato era hacer una reunión con las tres mujeres con las que trabajaría los asuntos de marca con asiduidad: la responsable de desarrollo de producto, la de identidad visual y verbal y la de experiencia del cliente. Por esta vez, Martina se había ofrecido a estar presente si la necesitaba, y había dejado la puerta abierta para consultar las dudas que surgieran.

En cuanto a funciones, Clara se ocuparía del análisis de mercado y la competencia, del desarrollo de la estrategia de la marca y de lograr que esta se expresara armónicamente a través de los productos, todos y cada uno de los soportes de comunicación y la experiencia del cliente. Necesitaba un exhaustivo conocimiento del mercado, creatividad para concebir ideas originales que destacaran la marca frente a sus competidores, resolución en la toma de decisiones y habilidad para gestionar a las personas que tenían que hacerlo realidad.

Ana era la responsable de desarrollo de producto. Su función era crear los prototipos de los productos conforme a la estrategia de la marca. Siempre andaba con fórmulas, ensayos y muestras. Tenía una larga experiencia de laboratorio y conocía bien los entresijos de la producción. Rocío se ocupaba de los aspectos de diseño de la comunicación visual de la marca y de los textos que los acompañaban. Su quehacer diario giraba en torno al logotipo, las paletas de colores, el estilo fotográfico, la tipografía y el estilo de los textos. Filippa llevaba la experiencia de cliente y las redes sociales, siempre con el foco puesto en lo que las consumidoras veían, percibían y sentían acerca de la marca.

No es de extrañar que hubiera tantas mujeres en puestos de responsabilidad, pues Martina consideraba que ellas eran mejores candidatas que los hombres. Cuando alguien tachaba a Martina de sexista, esta respondía rápidamente y con plena convicción: nunca contrataría a una mujer que no estuviera perfectamente capacitada para el puesto que iba a ocupar, y contaba con bastantes ejemplos a favor en las que ellas dominaban mejor la situación. Pero era un hecho, apostaba por las mujeres, a ella misma le había costado mucho abrirse paso en un mundo de hombres y sentía el compromiso moral de no dejar a las mujeres mejor preparadas sin oportunidades.

Rememorando la reunión en la que la directora general comunicó el nombramiento de la nueva directora de marca, la expresión de Filippa había dejado entrever su decepción y disgusto con la noticia. A "la italiana" —así se la conocía en la empresa— le gustaba muy poco obedecer, su ambición era algo desmedida. A cambio, era francamente creativa y resolutiva. Cuando diseñaba un programa de fidelización, lo hacía con increíble éxito. Antes de que Filippa llegara, otra ejecutiva con mucho método y bastante menos creatividad trataba de sacar partido a las bases de datos de consumidoras con escaso éxito. Filippa era una mujer muy válida, pero tenía un punto en su contra: mostraba actitudes de competitividad y prepotencia que llegaban a incomodar seriamente a quienes trabajaban con ella. Opinaba de lo suyo y de lo que no era suyo con excesiva soltura, lo que resultaba en ocasiones crispante. Muy probablemente fue su actitud la que le impidió promocionar al puesto de directora de marca.

Clara sintió cierta ansiedad por la expresión de Filippa, pero decidió no preocuparse demasiado. No había que adelantar acontecimientos. Por el momento deseaba que aquellas tres mujeres le explicaran con claridad y total sinceridad cómo veían el mercado, los productos, la comunicación y todo lo relacionado con la gestión de la marca. Su lema era escuchar primero. No quería precipitarse porque sabía que las primeras impresiones pueden ser traicioneras. Lo había aprendido en el pasado, cuando un exceso de pasión e inmadurez le había llevado a hacer juicios de los que luego se arrepintió. Sabía que debía tomar posesión con cautela. Mostrarse receptiva era el mejor modo de obtener colaboración, y también de evitar conclusiones equivocadas.

Recordaba las veces que había hecho un juicio incorrecto sobre un asunto sin escuchar a ambas partes. Recordó la vez en que se disgustó con la imprenta encargada de la impresión de unos catálogos: había un error en uno de los colores. Clara telefoneó con enfado al encargado de la imprenta. Este le aseguró que habían seguido las indicaciones recibidas, y después de revisar los emails y documentaciones que guardaba sobre el asunto se los mostró a Clara. Lo que había sucedido realmente es que uno de los colaboradores de Clara había pasado a la imprenta el color equivocado. Todo ocurrió porque habían estado discutiendo internamente acerca de qué tono era mejor, e incluso cambiaron de opinión eligiendo primero uno y más tarde el otro. ¿El resultado? Se había dado una indicación equivocada, y la imprenta había hecho lo correcto. Clara tuvo que pedir disculpas al encargado y aprendió a ser más prudente y recoger toda la información antes de emitir juicios o asignar culpas y responsabilidades. Recordó también sus bienintencionados enfados con el área de producción, cuando los prototipos de los nuevos productos no estaban a tiempo para ser enviados por transporte regular a las ferias, obligando a hacer un envío de última hora por avión con elevado coste. Sentía que su disgusto era legítimo en aras del bien de la empresa, porque no podía consentirse la dejadez o la falta de exigencia. Pero después descubriría que la complejidad técnica de algunos aspectos de los productos exigía mayor plazo de desarrollo y una planificación más anticipada.

Pues bien, tenía bien aprendido que iba a escuchar en primer lugar, tanto a las personas de su equipo como a las clientas, proveedores y colaboradores de cualquier tipo. Y no solo eso: quería escuchar lo bueno y lo malo, las oportunidades y los problemas, todo. Haría lo posible para no tener medias verdades sobre la mesa sino verdades completas. Pero después de escuchar pensaba ser inflexible: su objetivo era mejorar el posicionamiento y la rentabilidad de la marca. Faltaría más. ¿Acaso no había venido para eso? Fijaría objetivos y haría que se cumplieran. No pensaba ceder ni un ápice en el compromiso de autoexigencia. Haría los cambios necesarios para que la marca saliera fortalecida, sabía lo difícil que era posicionar una marca y lo fácil que era dañarla. Estaba orgullosa de su firmeza interna, no le importaba que alguien pudiera descalificarla por su dureza. Había llegado a ser la directiva más joven de la empresa a base de tenacidad e ideas claras. No se podía esperar menos.

A medida que pasaban los días, no parecía que su trabajo fuera el de deshacer entuertos, pero sí debía reconducir e impulsar bastantes cosas. Todo parecía indicar que la anterior

directora de marca había hecho un buen trabajo, pero su ausencia en los últimos meses había dejado bastantes problemas en el aire. En
cualquier caso, su presencia se tenía que notar
y estaba decidida a demostrarle a la directora
general que el negocio podía crecer.

LAS SIETE CARPETAS
DE ANGELIQUE

APERTURA DEL CICLO
E INTRODUCCIÓN

LA PRIMERA VEZ QUE CLARA entró en su nuevo despacho en compañía de Patricia, la directora de personas, no advirtió que había una puerta camuflada con la decoración del despacho, que daba acceso a un cuarto de archivo. No era de extrañar que Patricia se olvidara de decírselo; tenía fama de llevar siempre buen perfume y de ser muy despistada. Pero Patricia compensaba sus despistes a la perfección, por su determinación y capacidad de trabajo.

El cuarto de archivo tenía pocos metros cuadrados y no recibía luz natural, pero brindaba al despacho la misma utilidad que una buena despensa a una cocina. Cuando Clara se percató de la existencia de la puerta "oculta" sintió infinita curiosidad. La abrió y descubrió con satisfacción un espacio con estanterías, perfectamente ordenado. Clara odiaba trabajar con desorden, así que agradeció su buena fortuna. Por eso esbozó una lejana sonrisa hacia aquella mujer, su predecesora, a la que no conocía.

Le llamó la atención encontrar anotaciones manuscritas en los archivos, que pudo ojear. Parecían resaltar ciertas ideas, matizaciones, aclaraciones o llamadas a la acción. Se notaba que su predecesora había trabajado los contenidos y había sacado conclusiones. Llamó su curiosidad un archivador diferente a los demás, con el lomo de color azul índigo. Parecía el último en haber sido colocado. Lo abrió con curiosidad. Contenía una introducción y cinco carpetas, numeradas como 1/7, 2/7, 3/7, 4/7 y 5/7. Parecían textos para charlas. Lo cerró, pues tenía muchos asuntos pendientes. En algún momento echaría un vistazo a su contenido, pero no en aquella ocasión.

Clara estaba muy ocupada, la agenda de trabajo se le llenaba rápidamente. La directora general quería mantener una corta reunión con ella todos los días —exceptuando aquellos en los que viajaba—, con el objetivo de ir tutelándola en el puesto. Además, la convocaba a reuniones con otras directoras con las que debía coordinarse. Era prácticamente imposible decirle que no a Martina, porque siempre quería las cosas *para ya*: su impaciencia era uno de los rasgos característicos de su carácter, aunque lo compensaba con grandes cualidades: su gran profesionalidad, una gran experiencia internacional, el dominio de cuatro idiomas y toda la vida trabajando en el sector. Desde que Clara fue contratada, la tutela de Martina hacia ella había sido constante: la directora general conocía bien la importancia de la marca para el negocio. Es más, solía decir: «La marca es el negocio». Martina se estaba convirtiendo en un referente profesional para Clara. Había aprendido mucho de ella en los pocos meses que llevaba trabajando a su lado. Sin embargo, y pese a la admiración profesional, Clara no tenía claro que quisiera parecerse a ella, pues Martina era una mujer emocionalmente muy dura. Clara no llegaba a vislumbrar si la dureza de su jefa con la gente se debía a su prepotencia o a la seguridad en su propia experiencia. Se preguntaba si su impaciencia estaba en relación con el dinamismo del entorno o con una debilidad de su carácter. Fuere como fuere, aprendería de ella.

Clara tampoco descuidaba lo más mínimo la atención hacia las personas a su cargo. Convocaba regularmente a Ana, Rocío y Filippa para ver el avance de todos y cada uno de los temas. Iba conociéndolas poco a poco, pero ya tenía un ligero esbozo de su personalidad.

Ana tenía la capacidad de no enfadarse, con lo que eso tiene de bueno y de malo. Su exceso de paciencia podía suponer un problema cuando se requería firmeza o determinación. Esta mujer, físicamente agradable, un poco rellenita y algo dubitativa, tenía una actitud constructiva y positiva con el equipo.

Rocío era fundamentalmente una diseñadora, su trabajo consistía en coordinar a otros diseñadores. Su pelo rizado y revuelto parecía expresar la revolución creativa que llevaba en la mente. Su perfil creativo era poco dado a cuantificar el coste de los diseños de forma espontánea, pero cada vez lo tenía más asumido. Por lo demás, no parecía una persona conflictiva.

Y Filippa, la inconformista, era una joven alta, delgada, morena y con llamativos ojos azules, que seguía siendo un interrogante para Clara. "La italiana" entraba y salía de la empresa conduciendo su pequeño coche rojo, como si de un Ferrari se tratara.

Clara sacaba mucho provecho a las reuniones que mantenía con ellas. Había aprendido que hay dos tipos de reuniones: las que se hacen simplemente para que el jefe se entere de lo que sucede y las que se hacen para compartir, debatir o reflexionar con cierta profundidad. Clara prefería las del segundo tipo.

La agenda de Clara también se iba llenando de contactos con el mundo exterior, del mercado, de los distribuidores, de los proveedores. No le faltaban viajes, eventos o visitas. Cuando no viajaba era cuando podía ponerse al día de asuntos menos inminentes o encontrar mayor tranquilidad para pensar. Uno de esos días, prefirió quedarse en la oficina en vez de irse a casa. Casi todas las luces estaban apagadas porque la mayoría de las personas se habían marchado ya. La secretaria de Clara —la servicial, discreta y atenta Aitana— le había preguntado antes de marcharse si necesitaba alguna cosa más: «Nada, gracias... Y hasta mañana». Se dirigió al cuarto de archivo y cogió el archivador del lomo azul índigo. Y comenzó a leer. La primera carpeta contenía una introducción.

Estoy encantada de poder participar en este ciclo sobre dirección de personas. Quiero felicitaros por estar aquí, es una muestra de vuestra voluntad por ser mejores líderes y una magnífica noticia para nuestra sociedad, tan necesitada de liderazgo ético en muchos niveles.

Durante las sesiones, mi objetivo será compartir con vosotros algunas de mis conclusiones más personales. Son revelaciones o descubrimientos que he ido haciendo míos al hacer frente a situaciones muy diversas con personas y equipos. He comprobado que la realidad supera o difiere, con frecuencia, de lo que se nos ha enseñado o hemos leído en los libros.

La vida profesional es un camino de aprendizaje continuo, a eso se llama experiencia y madurez. Todos pasamos por momentos en que no sabemos qué pensar o qué hacer, un problema se nos instala en la cabeza durante días o semanas y no encontramos paz hasta que damos con la solución. Vamos, paso a paso, aprendiendo a afrontar la realidad, muchas veces con inquietud o duda. La experiencia nos permite distinguir el grano de la paja y el gato de la liebre. La madurez nos ayuda a distinguir lo importante de lo efímero y lo sustancial de lo secundario.

Lo que leemos, lo que escuchamos, lo que asimilamos, lo que descartamos, lo que olvidamos, lo que consigue llamarnos la atención y lo que vivimos, teñido por nuestro personal bagaje intelectual, emocional y moral, acaba configurando nuestro particular estilo de dirección. El camino del aprendizaje es básicamente personal y único, tan único como cada uno de nosotros. El libro de conclusiones que cada uno escribiría estaría lleno de matices diferentes, aunque los elementos comunes del liderazgo son siempre la integridad y la confianza.

Compartiré con vosotros siete ideas que representan la "esencia" de lo que he aprendido acerca de cómo rendir en el trabajo, y de la felicidad a la que deberíamos aspirar mientras trabajamos. Son ideas que fueron ganando fuerza en la medida en que las fui echando en falta, en la medida en que me preguntaba, una y otra vez, por qué hay tanta toxicidad en los entornos de trabajo, por qué se prima la apariencia a la verdad. Cada una de las siete ideas son como el tronco de un árbol y de cada tronco salen ramas. Los troncos no son más que las ideas que con más fuerza resuenan en mi pensamiento: son las vías de entrada al resto de ideas.

Podríamos y deberíamos ser más felices en el trabajo, podríamos y deberíamos ser más productivos, pero es fácil perder el foco. En vez de estar en el trabajo y, por él, con las personas, nos vemos envueltos en problemas que nosotros mismos creamos. Aumenta el estrés en las organizaciones y no sabemos salir del bucle. Acudimos a cursos de formación y no logramos dar con las teclas.

Estas sesiones no pretenden ser lecciones magistrales sino un vehículo de reflexión con vosotros, fundamentalmente porque vuestras vidas profesionales discurrirán por áreas geográficas, responsabilidades, situaciones y sectores distintos a los míos. Lo que sí hay en común, sea cual sea vuestro camino, es la necesidad de aprender a pensar de forma libre y creativa, de forma netamente humana, sin dar por hecho lo que nos han enseñado o lo que parece estar mejor visto. Tenemos en nosotros la capacidad de generar ideas y construir relaciones, de crear oportunidades todavía no experimentadas. Podemos y debemos ser audaces para no dar casi nada por imposible antes de empezar a hacerlo. Estamos invitados a este proceso de diálogo con nosotros mismos y con otros. Estamos llamados a pensar en voz alta en equipo, con la confianza de los entornos seguros, para crear ventajas competitivas. Compartiré sesión tras sesión los argumentos que me han servido a mí para ver el otro lado de las cosas o las facetas menos evidentes de una situación. Con este enfoque nos abrimos al pensamiento divergente, a contemplar los distintos haces de luz de una situación o problema para después converger hacia *una solución, hacia una acción. La amplitud que le damos a nuestro pensamiento equivale a la libertad que nos concedemos a nosotros mismos para llegar a convicciones propias. El mundo avanza gracias a quienes se atreven a defender con pasión sus visiones particulares y trabajan para llevarlas a cabo mientras permanecen abiertos a mejorarlas en colaboración con otros.*

Liderar con éxito es llegar al descubrimiento más valioso: que el rendimiento y el bienestar no son solamente compatibles, sino que van de la mano. Es descubrir, también, que las claves para liderar están en el interior de nosotros mismos. Si me motiva el respeto, debo ofrecer respeto a quienes me acompañan. Si me motiva que haya ética, debo actuar con ética. Si me motiva la confianza que depositan en mí, debo dar confianza. Si desprecio el engaño, no debo usar el engaño. Si me desmotiva el menosprecio, no debo olvidarme de las personas. Esa es la genuina y pura empatía.

Os pido una oportunidad para trascender la idea de que "las cosas son así y no las vas a cambiar". Creo firmemente en las ideas que propondré para generar la energía suficiente en y para la propia organización. Porque no es lo mismo ir a trabajar a una organización que te merma energía que a una que te la genera. No es lo mismo trabajar a gusto que a disgusto. No importa si la organización es pública o privada, si se trata de una empresa o institución con ánimo de lucro o sin él. Ya sea un colegio, un hospital, un ministerio, un comercio o un taller, las ideas son esencialmente las mismas. Sin embargo, mis reflexiones y ejemplos están extraídos de las situaciones que mejor conozco: los de la empresa.

Clara sintió curiosidad por saber qué ideas eran esas. Siempre había valorado la capacidad de reflexión, pero si además se trataba de reflexionar sobre la forma de dirigir a personas el tema le interesaba bastante más.

CARPETA 1/7
EL LÍDER COMO GUÍA Y REFERENCIA

AL FINAL DE LA introducción al ciclo, la oradora había pedido a los asistentes una oportunidad. Clara, con la carpeta en la mano, estaba dispuesta a dársela. La carpeta 1/7 hablaba del líder.

CARPETA 1/7. EL LÍDER COMO GUÍA
Y REFERENCIA

Liderar es una gran tarea, una misión preciosa y de responsabilidad. Podría deciros que el líder es un directivo que trasciende la dimensión de las cosas tangibles y materiales, que trabaja en un plano más profundo: el de las emociones, los propósitos, las ideas y los valores. El auténtico líder busca conseguir logros para la organización con la colaboración de otras personas, a través de ellas y gracias a

47

ellas. El líder auténtico busca el desarrollo de las personas, sin manipular, engañar o aprovecharse de su posición. Es alguien que predica con el ejemplo porque sabe que la coherencia está en la base de las relaciones fructíferas y de confianza. No tiene miedo a dejar de ser respetado por admitir lo que no sabe, no está estresado por aparentar o fingir, parecer en vez de ser.

La esencia del liderazgo es inspiración, significa atraer la voluntad libre de otros para que pongan su pasión y compromiso en un proyecto empresarial, que se convierte también en proyecto personal. Es un arte, que se lleva y que se aprende. Es la batuta de la orquesta, el instrumento sin sonido que suena a través de otros. Es la combinación del guía y de la referencia, de quien abre camino y de quien cuida el modo de recorrerlo. Es el poder jerárquico diluido en forma de autoridad moral. Es el impulso ejercido por distintos líderes en diferentes áreas y en los distintos niveles de la organización, creando a su alrededor un ambiente de trabajo saludable.

El líder es guía

Sirvámonos de la imagen que tenemos de la figura del guía de una expedición. El guía señala el camino, agrupa, ofrece información, evalúa las condiciones del terreno, marca el ritmo de la *marcha, aconseja al grupo y vela por su bienestar y seguridad.*

En la empresa ser guía tiene que ver con definir la visión y el propósito, como aquel que ve la meta a lo lejos y la señala con el dedo para mostrarla a otros. Ser guía tiene que ver con definir los objetivos y la estrategia, es decir, con los planes de la empresa. Tiene que ver con imaginar, incluso con intuir y soñar, porque la innovación siempre discurre por caminos inexplorados. Tiene que ver con reunir a la gente, con crear un equipo, con valorar y confiar. Con exigir y con perdonar. Y tiene que ver con el ritmo de los proyectos y de la organización, con decisiones de cuándo hay que acelerar el paso y cuándo hay que tener paciencia.

Ser guía en este siglo es hacer el trabajo en un marco de interrelación. El líder activa la inteligencia colectiva para encontrar el mejor rumbo, escuchando, analizando y convenciendo. El líder es, también, guía de guías. Quienes siguen viendo la empresa solo de arriba a abajo son ajenos al sorprendente poder de las personas. Estas quieren ser escuchadas y están dispuestas a colaborar creativamente con otros compañeros cuando hay clima de trabajo constructivo. Los empleados se entusiasman cuando pueden hacer realidad las ideas surgidas del propio equipo. Reconocen la coherencia entre las palabras y los hechos, y distinguen nítidamente las palabras huecas en boca de sus jefes. Así pues, el impulso del guía ya no circula simplemente de arriba a abajo sino también de abajo hacia arriba, hacia los lados y en red.

Cabe preguntarnos si somos guía, si somos faro, si aportamos valor al grupo. Si nuestra vocación de servicio tiene más impacto que el poder de la jerarquía. ¿El equipo avanza mejor con nuestra ayuda? ¿Nos concentramos en guiar más que en hacer las cosas por nosotros mismos? ¿Formamos a nuevos guías? ¿Les damos cancha?

El líder es referencia

El segundo de los aspectos esenciales del líder es que es referencia. Referencia ¿de qué? De valores. Tener una referencia resulta necesario, útil y valioso para la organización. Me refiero a una referencia que permanece coherente y fiable, aunque el entorno cambie. Me refiero a un valor firme y predecible. Actúa como una brújula. Estemos donde estemos, siempre marca el norte. Y cuando la vida nos sacude, nos confunde, nos desorienta o nos hace dar vueltas, la brújula sigue marcando el norte.

La referencia no nos ata ni nos resta libertad, sino todo lo contrario. Nos ofrece la posibilidad de ir y volver, recorrer y explorar, sin perdernos. Esta libertad, este margen de maniobra, es esencial, *porque una organización no puede crear riqueza estando atada.*

Así como ser guía tiene que ver con definir el rumbo de la empresa, ser referencia tiene que ver con definir los valores éticos y corporativos, y velar por ellos en todo momento y circunstancia. Los valores recogen las reglas del juego para el día a día porque, aunque a algunos les parezcan abstractos, se hacen tangibles en muchas decisiones. Y si no se hacen tangibles, es que esos no son los valores: serán otros, aunque no sean los declarados.

En primer lugar, hablamos de valores éticos de la organización para referirnos a la noción de justicia, equidad y lealtad en el ámbito de la empresa, a las reglas del juego limpio. A este respecto, si el directivo no tutela los valores éticos en el día a día, no será capaz de crear un entorno saludable para trabajar. A algunos directivos les importan poco estas cuestiones, se concentran en los objetivos medibles y en las estrategias visibles, obviando los aspectos intangibles que potencian el rendimiento y el bienestar de los empleados. Son directivos que no han descubierto la ventaja del juego limpio.

En segundo lugar, hablamos de valores corporativos para referirnos a aquellos principios que la empresa define como esenciales o prioritarios: son los valores que las empresas presentan en distintos soportes de comunicación. El líder es quien se ocupa de que la empresa haga realidad aquello en lo que dice que cree. Vigila para que no se desvíe de su propio propósito y sea fiel a sí misma.

En las últimas décadas el valor de las personas ha aparecido como valor corporativo en muchas empresas, y son también muchas las que lo han relegado a lo meramente cosmético. La constatación de su falsedad llega a causar estupor. Como anticipaba, los verdaderos valores en una organización se manifiestan en el día a día y acaban siendo nítidos para el grupo, salvo para la dirección que prefiere engañarse a sí misma o a otros. Pretender usar los valores para simplemente lavar o maquillar la imagen de una empresa significa degradarlos o deshonrarlos, porque los valores son algo muchísimo más valioso: son los ejes que inspiran el pensamiento y la acción en las empresas, son el marco de referencia para la autonomía profesional.

Parece difícil imaginar que una organización haga cosas distintas de las que dice valorar y de las que ha definido como importantes. Pero pasa. Ocurre como cuando las personas queremos ser más optimistas, más serenas, más estudiosas, más deportistas o más lo que sea, y no siempre lo hacemos. Con la organización sucede igual. Lo que decimos querer, y lo que hacemos, en ocasiones difiere. En esos gaps o desajustes el líder es quien tiene la *misión de retomar, encauzar o poner en su sitio. El líder interviene en la tarea de alineamiento.*

Imaginemos una empresa que dice preocuparse mucho por la calidad: la ha declarado como valor corporativo. Imaginemos también que debe servirse un pedido con urgencia y que la calidad del producto fabricado para ese pedido está ligeramente defectuosa. Uno de los directivos opina que la calidad no es correcta y que, en consecuencia, no se puede enviar, pese a la urgencia con la que el cliente lo espera. Otro directivo defiende que se sirva el pedido porque el cliente se disgustará si no lo recibe en plazo y que la calidad entra dentro de lo "aceptable". Un tercero más osado amenaza sin contemplaciones en que se perderá al cliente para siempre. Además, el responsable de finanzas contaba con la entrada del ingreso y se siente francamente contrariado.

Este es un ejemplo entre decenas de situaciones cotidianas donde hay que decidir qué hacer. Son los momentos en los que la coherencia se pone a prueba. La cuestión no es tanto dilucidar qué directivo se explica con mayor elocuencia o qué directivo tiene más rango. La cuestión es saber qué dicen los valores, porque en ellos hay respuestas. Estas a veces son claras, otras veces necesitan de mayor interpretación. A veces son sencillas y a veces nos piden sacrificios. Estamos tentados a enviar el pedido, esperar que el cliente esté tan ocupado que no se fije, cobrar la factura y no tener que incurrir en nuevos costes de producción. Pero apostar por el valor de la calidad supone no caer en esa tentación, siendo coherentes, confiando en que hacerlo bien tendrá su recompensa futura. El líder surge en esas situaciones, aportando luz; ante esas disyuntivas, aporta criterio. Al líder también le incomoda echar a perder la producción o que el cliente se disguste. Pero no tapa el problema, sino que trabaja para que no se repita. Sabe que su empresa debe ser fiel a sí misma y cumplir su promesa de marca. Habrá que hablar con el cliente y ofrecerle algo a cambio. Habrá que revisar procesos internos, aclarar responsabilidades y seguir aprendiendo. Lo que sea, habrá que hacerlo.

De un modo u otro, hablando de valores éticos o corporativos, la referencia siempre da una respuesta. Si no la tiene, la busca. Pero no decepciona, no huye ante la incertidumbre. Ahí está el líder, en las encrucijadas, en los giros, en los sobresaltos, en los cambios de escenario, asumiendo riesgos.

Permitidme que os hable de la utilidad de los valores, por si algunos de vosotros albergáis dudas. ¿Para qué sirve un valor? ¿Qué aporta? ¿Acaso no bastan los procedimientos? Imaginamos el caso de un joven que acaba de aprobar el carnet de conducir. Ha tenido que estudiar mucha teoría y hacer prácticas de circulación teniendo en cuenta las normas del código que ha estudiado. Cuando los padres lo ven salir de casa con las llaves del coche en la mano no le recitan el código completo, sino que lo resumen en dos palabras: «Sé responsable». La palabra responsabilidad contiene todo el código. En una simple palabra está la prudencia, el respeto a las leyes y la autonomía para decidir. Haber aprobado el examen no será útil si el valor responsabilidad no ha sido asumido e interiorizado. El valor es mucho más poderoso que la norma o el procedimiento, porque los trasciende. Esta trascendencia es la que aporta al valor su utilidad, agilidad y validez en entornos cambiantes. Incluso cuando el código estudiado haya quedado desfasado, el valor sigue respondiendo.

El gran reto de los valores en la organización es que sean comprendidos y asumidos por los jefes y empleados. No funcionan a desgana o por obligación porque su profundidad es contraria al disimulo o la apariencia. Los valores son funcionales y poderosos cuando están enraizados, cuando nutren desde las raíces el árbol de la organización. Desarrollar valores compartidos es trabajar lo intangible para que el resultado visible sea mejor de lo esperado. Y si el resultado es visible, ¿por qué cuesta que muchos se lo crean? «Si no lo creo no lo veo». Ilustra que no hay más ciego que el que no quiere ver ni más sordo que el que no quiere oír.

Interpretar y reinterpretar los valores ante los cambios del entorno tiene bastante de filosofía. Me gusta decir que los valores se destilan para obtener su concreción en cada época o etapa de la vida. Imaginemos una empresa en la que el respeto hacia las personas ha sido siempre un valor declarado. En el siglo XX este valor podía expresarse a través del paternalismo, pero en los tiempos en los que vivimos el respeto es permitir la autorrealización plena de los empleados como personas adultas. Un ejemplo de reinterpretación de los valores que nos puede resultar más familiar es el valor del cuidado de los hijos: a los dos años, cuidarlos significa darles de comer, bañarlos, acostarlos, jugar con ellos y quererlos. A los dieciocho años significa enseñarles a administrar su libertad, educarlos en la toma de decisiones y seguir queriéndolos. El valor permanece y se reinventa. Es firme y maleable. Pues bien, el líder como referencia se convierte en un faro, en un eje, que nos permite evolucionar con la estabilidad de saber quiénes somos, en qué creemos y a qué nos dedicamos en un mundo cambiante.

Para ser referencia debéis ser predecibles. Eso significa que vuestros colaboradores saben con qué tipo de cosas os alegráis y con qué tipo de cosas os disgustáis, y en el caso en que todavía no lo sepan lo van a ir descubriendo a través de vuestra coherencia en cada nueva situación. Cada circunstancia, cada bifurcación en el plan, cada oportunidad y cada crisis, representan momentos clave para enviar un mensaje, el mensaje de lo que valoráis y lo que descartáis, lo que consideráis y lo que apartáis. Y este mensaje debe ser lo más coherente posible para que llegue con claridad.

Disponer de una referencia es una condición necesaria para la eficacia. No se podría construir una casa si a cada momento el metro midiera diferente. Mide diferente cada vez que el jefe cambia de opinión por propios intereses, se entusiasma de forma caprichosa o decide en función del humor con que se ha levantado. Eso es toxicidad en vena. El equipo necesita estabilidad y fiabilidad dentro de la organización porque ya está bastante movido el entorno. Desde esa perspectiva, el líder proporciona seguridad.

El líder es un comunicador

Quizá el mayor tiempo del líder se vaya en comunicación. El líder es un comunicador incansable. Lo bueno es que comunica cuando habla, cuando pregunta y cuando escucha. Cuando pregunta está diciendo: «Me importa lo que opinas, lo que piensas». Cuando escucha está diciendo: «Formas parte de este proyecto que estamos diseñando en equipo». Finalmente, el líder también comunica cuando actúa: predica con el ejemplo. La falta de ejemplo es el naipe extraído que hace que toda la torre de naipes se desplome, es la carta de la desesperanza.

Para ser guía hay que estar constantemente comunicando: con la gente de abajo, con la de al lado y con la de arriba. Para ser referencia, lo mismo. No creas que, porque lo dijiste una vez, o tres o cuatro, ya lo has dicho bastante. El proceso de comunicación es complicado, está sometido a interpretaciones, a unos les llega cuando lo oyen, a otros les llega cuando lo entienden, a otros les llega cuando les afecta y lo viven. A otros, cuando lo ven en el comportamiento del líder.

El líder es un dinamizador

Ser guía y referencia implica que se note vuestra presencia o vuestra cercanía. Implica estar disponible, que vuestra gente sepa que veis su esfuerzo y percibís su compromiso. Que si os necesitan, encontraréis un hueco para atenderlos. Ser guía y referencia implica que repartís vuestra atención y vuestra dedicación por todas las áreas de vuestra responsabilidad, sin que prestéis toda la atención a unas y casi nada a otras. Debéis orquestar el conjunto sin dejaros llevar por lo que más os gusta, dejando desatendido el resto.

Cuando de niña iba al circo, había un espectáculo en el que un malabarista hacía girar platos y platos, cada vez más platos. Su espectáculo era el de mantener los platos girando, sin que ninguno se le cayera. Esa imagen me recuerda al trabajo del líder que debe lograr que todos los temas estén en marcha, sin que ninguno se venga abajo por falta de atención. Darle nuevo impulso al plato puede ser convocar una reunión porque un asunto atascado tiene que ser replanteado. Darle nuevo impulso puede ser mantener una conversación profunda con un subordinado. Darle nuevo impulso puede ser acercarse al centro de trabajo donde se realiza una actividad y ver las cosas en directo. Darle nuevo impulso, cuando el líder esta saturado de trabajo y le resulta difícil llegar a todo, puede ser hacer una simple llamada de teléfono y decir que se pasará en cuanto pueda, pero que no se olvida del asunto.

Liderar es mantener la empresa en dinamismo y demostrar cercanía siempre que hace falta. Es mirar a todos a los ojos, y no solo a los favoritos, porque mirar es respetar y cuidar. Liderar es cultivar la energía de los equipos, en las duras y en las maduras, con ideas, retos y valores.

¿Y qué pasa con el amor en el liderazgo?

El amor es el valor más humano y sublime que existe, y si el líder es referencia de valores será preciso hablar de este valor.

Son pocos los que hablan abiertamente del amor como un elemento del liderazgo y de la motivación. Mientras cambia velozmente nuestro mundo y el atrevimiento avanza por mil caminos, la referencia al amor en las organizaciones sigue siendo comedida. La idea es clara y no debería avergonzarnos: amar lo que hacemos, amar a los que trabajan con nosotros y amar a aquellos para quienes trabajamos. Impulsar el amor, en sentido amplio, es un valor del liderazgo, que nos conecta con la felicidad y la productividad. La mayor implicación tiene lugar cuando se trabaja con y por amor, ya sea en la familia, en la empresa, en la institución o en la comunidad. Ningún líder que no ame, en sentido amplio, puede proporcionar un entorno adecuado para la dignidad humana.

Mientras algunos son explícitos con el amor, otros buenos líderes no hablan de amor, pero lo ponen de manifiesto. Las palabras, siendo importantes, no lo son todo. Hay palabras vacías y acciones llenas. Como dice el sabio refrán: «Obras son amores y no buenas razones». Sea como sea, en el contexto del liderazgo, el amor es auténtico servicio, empatía, atención y preocupación genuina por el bienestar de los demás.

Clara no estaba acostumbrada a escuchar que el liderazgo tuviera conexión con el amor. Sí se lo había oído a alguien, pero no lo había retenido. Para ella liderar era proyectar, dirigir, organizar, inspirar, motivar, pero no amar. Aunque el refrán sí lo había escuchado cientos de veces y estaba de acuerdo con él.

Clara se vio a sí misma como malabarista de su tiempo mientras reconocía que ciertos asuntos le gustaban más que otros. Dominaba mejor las conversaciones con Rocío y con Filippa que las que tenía con Ana, pero su atención tenía que estar bien repartida. Ser guía, ser predecible, velar por los valores éticos —qué difícil—..., eso no estaba descrito entre sus funciones como directora de marca. ¿Por qué no?

CARPETA 2/7
EL TÓXICO CONFLICTO DE INTERÉS

Al día siguiente, acomodada en el mismo sofá donde Iván repasaba unos informes, y mientras esperaban que les trajeran un par de deliciosas hamburguesas de su restaurante favorito, Clara abrió la carpeta 2/7. El título no era nada habitual para unas jornadas de dirección de personas, pero prefirió no prejuzgar.

Además, lo que había leído el día anterior sobre el líder como guía y referencia, le había hecho rememorar una situación vivida en su primer empleo, el de la empresa de telas. Recordó las emociones del día en que un cliente que suponía un alto porcentaje de la facturación llamó para decir que daba por terminada la relación comercial con la empresa. Estaba muy enfadado por un error en el envío; varias circunstancias desatinadas se conjugaron causándole un perjuicio económico irreversible. El propietario de la empresa, un hombre forjado en el trabajo, convocó una reunión de urgencia en la que los responsables del problema y algunos otros de menor nivel —como ella— se quedaron sin ideas y sin ánimos para pensar en soluciones. Tras unos minutos de reflexión, el líder actuó como guía. No fue necesario que nadie preguntara en voz alta «¿y ahora qué hacemos?». El líder sabía que aquella era su encrucijada y aportó cierta luz, al menos la suficiente para que todos los reunidos en la sala pudieran seguir caminando. A ella, una joven que acababa de iniciar su carrera profesional, aquella experiencia del líder como guía la reconfortó. Este recuerdo le animó a seguir leyendo.

Carpeta 2/7. El tóxico conflicto de interés

El conflicto de interés es enormemente traicionero, le gusta disfrazarse con una capa invisible, quiere rondar por aquí y por allá sin ser visto ni percibido, y, sin embargo, la estela que deja es perfectamente visible: la desesperanza.

Evitar el conflicto de interés, y salir al paso cuando se pone de manifiesto, es la primera de todas mis recomendaciones. Si no se evita, si no se limpia, si no se depura, la empresa no logrará maximizar la energía de su gente. Al contrario, la inundará de lamentable resignación. Probablemente estamos más predispuestos a escuchar ideas aparentemente positivas sobre el liderazgo que a prestar atención a ideas más ásperas, como esta, pero es imprescindible. Antes de plantar semillas hay que quitar las malas hierbas y las piedras. Antes de aplicar un tratamiento sobre una herida hay que desinfectar. Cuando comprendáis la profunda trascendencia de esta idea, veréis la gran delicadeza y sensibilidad que encierra.

Estoy convencida de que, si pudiéramos eliminar los conflictos de interés no solo en las empresas sino también en la tortuosa política, los seres humanos viviríamos mejor, habría más justicia, disfrutaríamos de una mayor riqueza y seríamos mucho más felices en el trabajo y fuera de él. No está en nuestras manos poder evitar todos los conflictos de interés del mundo, pero sí lo está el evitar unos cuantos a nuestro alrededor. Propósito superior, prosperidad, eficiencia, generosidad, innovación, integridad e implicación, son palabras que forman parte de las empresas que cautivan por su clima laboral, y eso solo es posible cuando el conflicto de interés está desactivado.

¿Qué es el conflicto de interés?

Todos hemos leído libros sobre estrategia empresarial, dirección de marketing, gestión de la innovación, transformación digital, desarrollo sostenible, buen gobierno corporativo y muchos otros temas interesantes. Nos preocupamos por saber, estar al día y ser mejores profesionales. ¿Pero sabéis qué? Todo eso está muy bien siempre y cuando podáis garantizar que las personas de vuestra empresa van a trabajar comprometida y honestamente en llevar a cabo el plan de la empresa. Lo que nadie dice, ni dirá, son los intereses, particulares e indeseables para la organización o institución, que algunas personas pueden llevar consigo y que no forman parte del plan.

El conflicto de interés trata justamente de las situaciones en las que el interés particular de una persona entra en conflicto con el interés de la empresa o institución. La persona puede escoger entre usar el poder derivado de su cargo para el interés de la organización, como es esperable, o para su propio interés. Dicho de otro modo: a la hora de elegir, puede tomar la decisión más conveniente para la empresa o la más conveniente para sí mismo. Cuando nos hacemos conscientes de la existencia de conflictos de interés, nos percatamos de que existe otra realidad que, aunque no esté declarada, afectará a la calidad de ejecución y consecución del plan. Por eso es preciso evitarlo y, en última instancia, atajarlo.

Bajemos al terreno de las cosas cotidianas.

Si eres empresario, contratas, delegas poder y retribuyes a tus colaboradores para que dirijan a las personas y gestionen los recursos materiales para conseguir los fines de la empresa. Estás dispuesto no solo a permitir, sino incluso a promover, que tus colaboradores puedan satisfacer sus propios intereses personales asociados al reconocimiento profesional que lícitamente merecen. Es justo que deseen ascender o ganar más, cuando lo hacen por méritos propios y como fruto de su esfuerzo. Lo que el empresario no espera es que estos utilicen el poder de sus cargos en beneficio propio y a costa de la empresa.

Un empresario no le da el poder de contratación de personal a un directivo, o a un jefe, para que este acabe colocando a sus propios familiares, amigos, vecinos u otras categorías cercanas, pasando por alto otros perfiles más capaces: se lo da para que contrate a la gente más adecuada para el puesto. Se lo da para que contrate a las personas que más y mejor le ayuden a desarrollar su negocio, crear riqueza y ganar dinero.

Un empresario no le da el poder de negociación de compras a un directivo, o a un jefe, para que este acabe comprando a proveedores que, en interesado agradecimiento, le hacen regalos o le prestan favores a título personal; mucho menos para que se lleve oscuras comisiones. Se lo da para que negocie, ajuste precio y condiciones, y compre lo que más interesa a la empresa.

Un empresario no le da el mando a un directivo, o a un jefe, para que este lo aproveche en beneficio de aquellos que mejor le caen o mejor le hacen la pelota: se lo da para que lo utilice con objetividad, premiando el trabajo bien hecho, lo haga quien lo haga. Porque hay personas con las que no sientes especial afinidad pero que trabajan bien, y sería una arbitrariedad inmensa perjudicarlas por no ser como nos gustaría que fueran. Si hacer la pelota o mostrar obediencia ciega acaba siendo clave para los ascensos, habremos encontrado una realidad encubierta y tóxica.

En definitiva, no se entrega el poder para que se utilice indebidamente. El poder que poseemos, el que viene con el cargo que tenemos en la empresa, en la organización, en la institución, en el club, en la asociación, en el gobierno o donde sea, se delega para poder gestionar dentro de los fines y retos de la empresa, organización, institución, club, asociación o gobierno. Cualquier otro uso es indebido.

Apropiación indebida del poder recibido

Caemos en el conflicto de interés, como quien cae en una tentación, el delito está en caer y la virtud está en no exponerse.

El conflicto de interés es un farsante: engaña, finge y miente. El político caído en conflicto miente a través de la demagogia, atacando como defensa. El directivo caído en conflicto hace valer la jerarquía para que nadie lo cuestione. A veces el conflicto es moderado y pasa bastante desapercibido para las mentes poco atentas. Otras veces llega a ser muy grave. El abanico de posibilidades va desde las corrupciones con impacto mediático a las más sutiles y poco demostrables. Cuando el conflicto de interés sale a la luz por su impacto económico o social, cuando toma la forma de escándalo público y tráfico de influencias, los tribunales de justicia se harán cargo de limpiar el asunto. El problema tiene su origen en que hubo gente que creyó que podía hacer lo que quisiera desde su posición de poder y que nadie lo descubriría. El escándalo indigna a la ciudadanía y pese a la lentitud de la justicia, cabe una esperanza lejana: que finalmente la justicia dicte sentencia.

Esta sesión no trata de las grandes corrupciones que son susceptibles de acabar en los tribunales, sino de las pequeñas y constantes situaciones de deslealtad que se viven y se sufren en el seno de las organizaciones. Pequeñas y constantes, a cientos, rememorando la tortura china de la gota de agua, tan inofensiva aparentemente y, a la vez, tan cruel. El resultado adopta forma de estrés, de soledad ante la indefensión, y de tristeza severa.

Crece la desesperanza

La desesperanza es fruto de esas "gotas" de falta de transparencia e injusticia en la organización. Surge de la imposibilidad de denunciarlas porque es el propio jefe, o los propios jefes, los que las protagonizan o consienten. Los empleados se desconectan como mecanismo de defensa frente a la locura; se resignan, porque es inútil disgustarse si no hay nada que hacer, pero la resignación no es gratuita, ni para el que la sufre ni para la empresa.

Las situaciones de falta de ética se escurren entre los dedos cuando tratas de atraparlas, por dos razones básicas. Primera razón: porque el conflicto de interés es de naturaleza oculta; oficialmente no existe, se niega por sistema. En las reuniones de empresa es el elefante encima de la mesa, del que nadie habla. Segunda razón: porque el argumento es muy socorrido y si al final consigues que el conflicto se traiga a colación de forma profesional, lo más probable es que todo quede en diferencias de opinión, en "valoraciones subjetivas". «Pues a mí me gusta más este candidato» o «a mí me gusta más el otro proyecto», te responderán. Personas sometidas a conflicto defienden lo indefendible y argumentan lo que no tiene vuelta de hoja. Ver para creer.

Más ejemplos de conflictos de interés

Los ejemplos son simplemente eso: una muestra de lo que hay sin pretender hacer una lista exhaustiva. Cuando se es joven, los conflictos desaniman o indignan. Cuando se tiene una larga vida laboral, los conflictos queman. Con ellos, se pierde el entusiasmo, que después la dirección tratará de recuperar, con poco éxito, con programas enfocados a activar equipos.

Empiezo citando situaciones de inmovilismo en las que algunas personas hacen todo lo posible para que las cosas que deberían cambiar y evolucionar, no lo hagan. Se trata de personas que se empeñan en mantener intacto su propio departamento o sección, aunque este haya quedado obsoleto, deba reducirse, o simplemente deba ser absorbido por otro, porque con el departamento puede irse también su posición y su estatus. Les delata el hecho de que cuando encuentras otro puesto alternativo que les agrada y soluciona su situación personal, su argumento da un giro sustancial.

Continúo con conductas enrarecidas por amiguismos, con esas redes informales de autoprotección en las que no se deja entrar el aire fresco. Se defiende a ultranza a alguien del mismo equipo o departamento, a sabiendas de que lo hizo mal, porque, como en la guerrilla, unos a otros tienen

71

que cubrirse las espaldas. De ese mal está repleta la política partidista.

Imaginad también el caso de un alto directivo presentando a su hijo para un puesto en la empresa en la que él mismo ostenta una posición de mucho poder. Los indicios señalan que el hijo es un buen profesional, académicamente muy bien preparado: probablemente, "de tal palo tal astilla". No habría señales aparentes de contratación sin méritos. ¿Lo contratamos entonces? En materia de conflicto de interés hay que prever que las cosas no salen como se desea. ¿Qué pasa si el hijo se incorpora a la empresa y por cualquier circunstancia no cuaja? ¿Con qué dificultades se encontrarán las personas del equipo para comunicar o denunciar el problema sin temor a las represalias? ¿Afectará indirectamente esta situación a otros asuntos y personas? Lo que es un problema profesional se transforma en otra cosa, para la que no tenemos las herramientas adecuadas ni sabemos cómo abordar. Con este ejemplo ilustro la necesidad de evitar, y cuanto menos de tener un cuidado extremo, con hijos, parejas, familiares o amigos, con conflicto real o potencial, por sus efectos colaterales.

El conflicto de interés siempre tiene, o busca y rebusca, respuestas. En la contratación y promoción de familiares y amigos cercanos, cuando no se cumplen los requisitos de formación o experiencia demostrada, se usa el argumento de que "son de confianza". Fantástico si lo son, puede que lo sean, también puede que no lo sean. Dad las gracias si sale todo bien.

Una reflexión sobre el conflicto de interés en la empresa familiar: el padre o madre propietarios se encuentran ante la decisión de colocar a sus hijos en la empresa para evitar discusiones familiares, aunque no sea lo adecuado; los hijos quieren tener todos los mismos privilegios, aunque sus méritos sean distintos; algún familiar político se ha quedado sin trabajo y pide que lo contraten. La elección del sucesor puede ser complicada, porque también hay una parte de subjetividad. ¿Cuál es el perfil más adecuado para dirigir el patrimonio familiar? ¿Cómo manejar la decisión a nivel emocional? En la empresa familiar se produce una confusión de roles singular entre familia y empresa. En la familia, los hijos son queridos por igual, porque es la esfera del amor y la protección: no se hacen diferencias, incluso se puede proteger más al más débil. En la empresa, los hijos son valorados por capacidad y méritos profesionales: las diferencias están servidas. Mientras la familia no hace distinciones, la empresa es generadora de diferencias inevitables. El solapamiento de ambos planos, con afectos y juegos psicológicos intrafamiliares, abona conflictos de interés con malas decisiones para la empresa. Integrar

73

y encajar ambos planos en aras de la prosperidad de la empresa y la armonía familiar requiere de conversaciones pausadas sobre los valores y la visión.

Finalmente, una mención al conflicto entre la realidad objetiva y el ego personal. Se trata del conflicto entre nuestro orgullo y lo que razonablemente habría que hacer. Ocurre cuando no queremos dar el brazo a torcer para que no se dañe nuestro ego personal, cuando no queremos reconocer un error porque deberíamos pedir disculpas a alguien que no es de nuestro agrado, cuando no podemos votar lo mismo que vota el bando contrario. Entonces creamos argumentos para justificar lo injustificable. Tomamos decisiones incorrectas por el interés de salvar nuestra imagen personal.

Solo la toma de consciencia nos salva

Es tiempo de hablar de recuperar la esperanza, cuanto menos en pequeños ámbitos. Hacernos conscientes del conflicto potencial es el primer gran paso. A medida que avanzamos en este discernimiento, la ausencia de conflicto de interés crea un espacio de mayor claridad. Seamos realistas: no todo será perfecto, pero seguro que será mejor. Cada entusiasmo que no quebremos, cada confianza que no defraudemos, tiene el valor sutil de las pequeñas cosas que nos cambian la vida. La ética del conflicto de *interés no impide que nos equivoquemos en nuestros juicios o que fracasemos con nuestras decisiones, pero la intención positiva sí cuenta.*

«Para teñir de objetividad las decisiones, podríamos establecer baremos», proponen los más proactivos. Lamento deciros que los baremos, los criterios o normas para evitar los conflictos de interés no son herramientas infalibles. Solo la consciencia humana resultará decisiva y la inteligencia artificial jamás podrá suplirla. Sobran los casos de contrataciones vestidas de profesionalidad que se hacen para dar un contrato a quien se quiere. Un contrato, un cargo, un empleo, una beca, una subvención, lo que sea. Hay tantas posibles circunstancias que las normas, que son necesarias, se quedan cortas y nos vemos en la necesidad de acudir a los valores. La sociedad, y las empresas como parte de ella, necesitan de un rearme de valores en vez de quedarnos en la superficie de las normas, porque la motivación humana jamás es superficial.

Desactivar el propio conflicto de interés supone un proceso de crecimiento personal. Se trata de una toma de conciencia sobre la necesidad de promover la lealtad hacia la organización y hacia el resto del equipo. Solo desde el despertar a la conciencia puedo empezar a percibir el conflicto en mí mismo y en otros, para detectarlo y desactivarlo. Porque no todo lo que parece conflicto lo es, así como no todo lo que no parece conflicto, no lo es. Porque puede ser que justamente el proveedor donde trabaja un familiar tuyo sea el mejor proveedor para la empresa; porque es posible que ese conocido de uno de tus socios sea un excelente profesional; también estas coincidencias son posibles. No te ofrezco más camino que el de ser honesto contigo mismo y discernir. A medida que avanzas en este discernimiento, la ausencia de conflicto de interés crea un espacio de claridad, con reglas del juego conocidas, un espacio donde las discrepancias y las coincidencias proceden estrictamente de las visiones y enfoques empresariales de los individuos y no de los intereses encubiertos y disimulados.

Es posible que alguno se pregunte si este discernimiento vale la pena. Al fin y al cabo, las cosas "son como son y no las vamos a cambiar". Es una pregunta razonable, pero tan cierto como que somos demasiado pequeños para cambiar el mundo, sí podemos cambiar nuestro entorno más directo. Os aporto mi testimonio personal de que la felicidad en el trabajo es posible, y de que la energía que se despliega cuando las personas son respetadas supera cualquier expectativa. Hay que vivirlo para creerlo.

Observad y escuchad a las personas. Mirad los ojos de la gente cuando se percatan de que el que se desvive por su propia imagen fue el favorecido. Observad sus gestos de incomprensión o de desazón. Observad el desaliento o el agotamiento. Mirad los ojos de las personas cuando son escuchadas con atención y cuando les damos confianza. Poned vuestro granito de arena en la regeneración de las organizaciones y pensad que ese granito de arena puede ser enorme cuando se mira de cerca. Poned vuestro granito de amor.

Una idea final pero no menos importante. La ética del conflicto de interés no es, en absoluto, una ética antipática. No es caza de brujas, no es la ética de la severidad; más bien todo lo contrario: es la ética de la gente noble, del juego limpio, de la equidad, de la dignidad humana y de la verdadera amistad.

A Clara se le hizo tarde leyendo la carpeta. Alargó la mano para coger un último trozo de la tarta que habían pedido con las hamburguesas, y se quedó pensativa. Ahora comprendía la trascendencia del conflicto de interés. Estuvo de acuerdo en que cosas aparentemente insignificantes pueden activar o desactivar nuestra energía. Recordó la queja de Paz, una de las amigas del pádel, que desde que le habían pasado ciertas cosas decía que ella iba a trabajar, a cumplir y a cobrar, pero que no esperaran nada más de ella: estaba desengañada de los jefes.

Clara se sintió afortunada, ella estaba en un momento de logros profesionales.

CARPETA 3/7
LA HEROICA VALENTÍA

En las jornadas sucesivas Clara se puso al día sobre el sistema de fijación y evaluación de objetivos de la empresa. Se acercaba el momento de la revisión semestral de objetivos. Había precisado de la ayuda de Patricia, cuya devoción por la evaluación de objetivos era notoria.

—El sistema de objetivos es uno de los puntos fuertes de nuestra cultura organizativa —afirmó Patricia con satisfacción—. Sin ellos no hubiéramos avanzado como lo hemos hecho en la última década. Es importante que todo el equipo sepa hacia dónde vamos y que cada persona contribuya desde su posición.

Clara estaba plenamente de acuerdo con la directora de personas y la buena sintonía la motivó. Se enfrentaba a la tarea de evaluar el cumplimiento de objetivos de las personas de su equipo, correspondientes al primer semestre, pese a que ella no había participado en la fijación de estos ni había sido la responsable del área durante todo el periodo que se iba a evaluar. Una vez hubiera terminado la evaluación se la presentaría a Martina, que había asumido las funciones de directora de marca transitoriamente, para su decisión final. En cuanto a los nuevos objetivos, ahora ya sí con plena responsabilidad, pretendía aprovechar la ocasión para conocer de forma bastante detallada cómo hacían su trabajo Ana, Rocío y Filippa. Quería conocer sus dificultades, cuellos de botella y retos por explorar. Era una excelente ocasión para hablar, debatir y volver a centrar los aspectos estratégicos para el siguiente semestre.

Clara convocó a Rocío para hablar de sus objetivos.

—Hablemos del cumplimiento de tus objetivos semestrales —comenzó Clara—. He visto que los gastos se han disparado en algunas partidas presupuestarias, como la de diseño externo.

—Es cierto —confirmó Rocío—, pero puedo justificarlo.

—Explícate.

—Durante los últimos meses hemos realizado muchos más proyectos de diseño de los inicialmente previstos, hemos tenido que atender muchas peticiones de material promocional para eventos. La carga de trabajo de diseño ha sido excesiva para atenderla con los diseñadores de la casa y no me ha quedado más remedio que acudir a diseñadores externos. De lo contrario, no hubiéramos llegado a todo. Como sabes, el diseño externo nos resulta más caro que el interno.

—¿No viste que esta desviación presupuestaria se iba a producir? — indagó Clara.

—Solicité hace meses la incorporación de dos personas al equipo de diseño, pero Martina me respondió que no era el momento.

"Imagino que Martina habrá tenido muchos frentes a los que atender en ausencia de Angelique", habría querido decir Clara, pero lo guardó para sí misma.

—El problema es que yo soy responsable de un presupuesto que no puedo cumplir sola —continuó Rocío—. Si los demás no se ciñen a lo previsto y tampoco dispongo de los medios para buscar alternativas ¿cuál es mi gestión?

Clara se sorprendió de la asertividad de Rocío. Por un lado, le agradó su sinceridad. Por otro, no sabía si Rocío estaba echando balones fuera, así que decidió ser cautelosa y no darle toda la razón.

—Mira Rocío, tenemos que cumplir los presupuestos sí o sí, no hay elección. En adelante quiero que me informes de los obstáculos que puedas tener para cumplir el presupuesto, no dejes pasar un día. Estudiaremos la situación y veremos lo que se puede hacer, pero tú debes ser rigurosa con el presupuesto, te lo voy a exigir. ¿Lo tienes claro? —dijo, para terminar.

—Lo tengo claro —confirmó Rocío—. ¿Podemos hablar de incorporar a alguien más?

Clara se sonrió de la tenacidad de aquella mujer, la tenacidad hasta el último minuto.

—¿Cómo van las cosas, Clara? —preguntó Belén, la secretaria de Martina, cuando coincidieron al día siguiente en el café de media mañana—. ¿Te adaptas bien?

—Me voy adaptando, pero me cuesta llegar a todo. De hecho, no llego. Los aspectos técnicos es lo que más me va a costar.

—Es normal, date tiempo. Ya verás cómo podrás con todo.

—Quería preguntarte por Angelique —dijo Clara—. ¿La conocías bien?

—Sí, claro. Llevo en la empresa nueve años y después de tanto tiempo acabas conociendo a la gente. Al menos, a los que tienes más cerca.

—¿Qué sensación te daba?

—¿Te refieres a qué me parecía como persona?

—Me refiero a qué te parecía como profesional, sobre todo.

—Nunca trabajé con ella directamente, pero como secretaria de Martina te enteras de muchas cosas... Sé que era una mujer con las ideas claras. Cuando se reunía con Martina solía salir con un sí, y eso es porque lo llevaba todo bien analizado —señaló Belén.

—Creo que comprendo lo que quieres decir. He visto sus anotaciones, su grado de precisión... —interrumpió Clara, pensativa—. El caso es que no la acabo de situar ¿sabes? He estado leyendo unas ideas que escribió sobre el conflicto de interés y no termino de saber si era una persona cordial o más bien terriblemente estricta...

—Más valiente que estricta, diría yo —dijo Belén—. Angelique se atrevía a decir lo que otros no se hubieran atrevido. Incluso con Martina.

—Es que Martina impone bastante, todo hay que decirlo —añadió Clara con aire divertido.

—Desde luego —dijo Belén, con una sonrisa—. Estoy acostumbrada a ver el nerviosismo de la gente cuando vuelve de alguna reunión con ella. Pero déjame que te cuente una anécdota para que veas cómo era en eso de la valentía. Antes de ser secretaria de Martina, yo tenía otra jefa, no la conoces porque ya no trabaja aquí. El caso es que la que entonces era mi jefa quiso colocar a su novio en el equipo. Era un chico aparentemente bien preparado, pero a nadie le hacía gracia tener que trabajar con él. Vino dos días a las entrevistas, pero ya se le veía algo sobrado… ¿te lo imaginas?

—Prefiero no imaginármelo... A mí tampoco me hubiera hecho mucha gracia —replicó Clara, riéndose ahora abiertamente.

—Todos le agradecimos a Angelique que nos salvara de aquello. Resulta que en un Comité de Dirección le dijo a Martina que esas contrataciones siempre traen problemas. Mi jefa estaba presente.

—Qué fuerte... Desde luego, es de agradecer tener a gente así… —concedió Clara.

—La hija de Angelique es publicista —siguió Belén—. Creo recordar que trabajaba en una agencia de Barcelona. Pero cuando estábamos buscando a una persona para el departamento de publicidad tu predecesora no abrió la boca al respecto. Angelique quería que se contratara a la persona con más posibilidades para hacer un buen trabajo y con menos "interferencias" en caso de que no funcionara.

—La verdad es que tiene todo el sentido. Pero fue dura —opinó Clara.

—Con el tiempo entendí que no era dureza, ni frialdad —contestó Belén—. Al contrario, Angelique solía sonreír, era abierta y quería que las personas trabajaran a gusto. Lo llamaba el *fair play* imprescindible.

—Vaya, vaya, veo que la filosofía de Angelique caló hondo —concluyó Clara con una sonrisa de complicidad.

Cuando pudo, Clara retomó la lectura de otra de las carpetas. Esta vez el título le pareció especialmente atractivo.

Carpeta 3/7. La heroica valentía

De niños, a través de los cuentos y las películas infantiles, se nos muestran personajes valientes, héroes que se enfrentan a dragones, gigantes y personajes malvados. Luchan para rescatar a los buenos o salvar a su pueblo. Después de verse humillados o hundidos tiene que tomar el coraje de levantarse y finalmente, ¡ganan! Ese es el momento en que los niños, antes sobrecogidos, por fin ríen y aplauden. Al convertirnos en adultos dejamos de escuchar estas historias y solo de tanto en tanto nos enteramos de casos heroicos por los medios de comunicación.

Hablaré de la valentía de cada día en la organización, muchas veces heroica y olvidada. Podremos distinguir a los valientes que rondan por nuestras organizaciones y verlos con una perspectiva de gratitud. Los dragones y los saltos mortales toman otras formas, pero están igualmente presentes. Propongo desmenuzar la valentía, pasar de lo abstracto a lo concreto, y responder a la pregunta "¿a qué nos atrevemos?".

Atreverse a ser creativo y a innovar

En mis años de trabajo he visto a conservadores que hablaban de innovación porque queda bien. Es posible que algunos de ellos, los más inconscientes, hasta se lo creyeran. Hablan y hablan de ideas y proyectos mientras no hay nada serio que jugarse y, cuando hay que lanzarse, optan por lo pragmático y seguro. El pragmatismo tiene un lado bueno, pero también tiene un lado negativo, paralizante y cobarde. Y es que innovar requiere ser valiente, porque nunca se tiene todo claro.

La imaginación o la regeneración de plantea-mientos supone un acto de valentía porque remue-ve lo que está acomodado y establecido, porque cambia rutinas y hábitos, porque obliga a sanear o transformar lo que ya se tiene. En sustitución, hay que apostar por lo que se propone como alternati-va, aunque otros no lo entiendan, aunque sus posi-bles resultados todavía haya que demostrarlos. Hay que mantener la agilidad y la concentración para aprender en el proceso. La valentía supone vencer muchas resistencias, buscar algo nuevo que ni si-quiera sabes si encontrarás... Los obstáculos enton-ces se amontonan, las razones para abandonar se acumulan. Aunque encontréis algo de lo que espe-rabais, no será perfecto cuando llegue: se presentará como un diamante en bruto, apenas brillará, y será preciso encontrar al pulidor que sepa cómo tallarlo. La valentía es patrimonio de los emprendedores e intraemprendedores, girando alrededor de palabras distintas pero relacionadas: explorar, descubrir, in-ventar, regenerar, proyectar.

¿Cómo detectar al auténtico innovador? Mi ex-periencia me dice que el compromiso con la inno-vación solo se hace visible cuando se pone a prueba. La prueba fuerza a que salga lo verdadero, corta el paso al disimulo. La verdadera capacidad innova-dora se pone a prueba cuando seguir innovando te cuesta dinero sin asegurarte un resultado, cuando

tus amigos y familiares empiezan a pensar que te estás obsesionando con el proyecto, cuando algunos de tus colaboradores te aconsejan que te conformes con menos, cuando te avisan del riesgo que asumes o cuando te dicen que aquello no puede funcionar. No os digo que no escuchéis: hacedlo. Pero después tomad vuestra decisión. Es un proceso en el que te pones a prueba contra la propia dificultad del proceso de innovación, contra tus propias dudas e incertidumbres y contra el entorno que no acaba de entenderte. Es a menudo una lucha solitaria y arriesgada, a menos que estés en una empresa que posee realmente una alta cultura innovadora. Desde luego, no penséis que tienen alta cultura innovadora todas las que lo dicen, porque a todas les gusta la imagen de serlo. Si tomamos el ejemplo de los grandes inventores de nuestra historia, observaremos su inagotable tenacidad persiguiendo su meta. No se nos pide que seamos como ellos, pero cierto grado de atrevimiento es imprescindible.

El directivo innovador sueña, busca con intuición. Trabaja con un esbozo mental de propósito y lo hace con tolerancia a la incertidumbre. Cuántos modelos de negocio innovadores hemos visto, creciendo de forma inesperada y solo previsible para quienes tuvieron el coraje de apostar por ellos. Cuántas tecnologías han nacido y cambiado nuestra vida, sin que en su inicio se vislumbrara su inmensa capacidad para transformar el modo en que vivimos. Hay que decir que soñar puede ser profesional y que la intuición es un valor superior y no inferior. Cuántas otras se han quedado en el camino, sin acabar de comprender por qué no lograron éxito. Así pues, el directivo innovador tendrá que estar abierto al fracaso y a lo que pensarán o dirán los demás.

Atreverse a decir lo que pensamos y a escuchar lo que otros piensan

Ser capaz de decir lo que uno piensa, expresarse con libertad, a pesar del qué dirán o qué pensarán los demás... no es tan sencillo como parece. Y mucho menos escuchar lo que otros piensan, porque nos exponemos a las críticas.

El miedo a no caer bien, a resultar incómodo, a la represalia, puede coartar la libertad de expresión. Hay que ser valiente para discrepar de la opinión de la mayoría del grupo o contrariar a vuestro jefe. Este puede deciros con la boca más o menos pequeña que desea que se le digan las cosas, pero solo lo sabréis de verdad cuando lo hayáis puesto a prueba. Puede que vuestro jefe sea un soberbio sin parecerlo, que os aliente a hablar sinceramente y que cuando os confiéis os perjudique. O puede que simplemente os anime a hablar y después no haga nada. Las dos cosas impiden crear un ambiente saludable: la primera, porque no se puede pedir sinceridad para no saberla encajar; la segunda, porque al no hacer nada, al no dar siquiera una contestación, se falta el respeto hacia quien nos ha dado su opinión sincera.

Una cosa tengo clara: las personas con las que trabajamos tienen opiniones acerca de las cosas. Si bloqueamos la libertad de expresarlas quedarán silenciadas, pero no se habrán esfumado por arte de magia. Se acalla la voz, pero no el pensamiento. Por tanto, aceptad las opiniones como algo provechoso. Es mejor saber que no saber.

Es preciso resaltar una dimensión estratégica relacionada con la capacidad de hablar y escuchar con libertad: la capacidad de tener conversaciones generadoras de valor. Si callamos o mantenemos perfil bajo no habrá avance. En cambio, poder "pensar en voz alta" con otros es el preámbulo de la empresa innovadora. Pensar en voz alta es alentar a la mente para hacer conexiones, suposiciones e hipótesis, con libertad, dejándolas caer para ver cómo les llegan a los otros, y si tienen sentido. Pensar en voz alta significa nutrir una conversación multidireccional para pensar con los demás: es pura "cocreación".

A algunos jefes les cuesta mucho escuchar, evitan la ocasión, tampoco dan pie. Puede ser que se *refugien en esa guarida que se llama despacho. Hay que invitarles a salir de su espacio de confort, sugerirles que vayan a la planta de producción, al taller, al laboratorio, al área de diseño, al punto de venta, al departamento de marketing, al área de expediciones, donde sea. Hacer una ronda con atención para observar y tener empatía para escuchar es una forma de obtener mucha información útil de primera mano.*

En mi vida profesional he escuchado muchas opiniones. Cuanto más escuchas a las personas más realidades percibes. A veces incluso pierdes la conciencia de saber quién tiene razón y quién no. Hay cristales de muchos colores. Unos hablan de maravilla, con un aspecto sereno y académico, otros lo hacen algo peor. Lo que descubrí es que no tiene más razón quien mejor habla: es posible que simplemente tenga mayor capacidad verbal para argumentar correctamente. Admiro la valentía de un sencillo operario que decide, después de mucho pensarlo, hablar con su jefe… ¿Sabéis la de noches que le habrá estado dando vueltas a ese problema? Escuchadle con el mayor respeto del mundo, no tenéis que defenderos de nada, ya tendréis tiempo de elaborar y contrastar lo que os está contando. Para vosotros puede ser una reunión más entre cientos de reuniones, pero para el operario esa reunión es única. Ante todo, no olvidéis darle una respuesta, sea que sí, sea que no, o sea lo que proceda. Pero que sepa que le habéis escuchado.

Hay que ser valiente para escuchar críticas, incluso críticas hacia los colaboradores que más estimas o los proyectos en los que más ilusión has puesto. Debéis sobreponeros a la incertidumbre o a la inquietud de que se puedan alterar vuestros esquemas. Es posible que os estéis equivocando y que os lo estén haciendo saber, es posible que quien habla con vosotros tenga razón, o no. Es posible que tengáis que ser valientes para rectificar si después de reflexionar os dais cuenta de que habéis cometido algún error. O es posible que tengáis que ser valientes para seguir con vuestro criterio, aunque otros no lo comprendan. ¿Dónde nos lleva todo esto? ¿Acaso no supone dedicar un tiempo que creemos que no tenemos? Ahora es cuando puedo añadir aquello de que, si quieres ir rápido ve solo, si quieres llegar lejos, ve acompañado.

Atreverse a defender lo que es justo

Defender lo que es justo puede poner a prueba vuestra valentía. Cuando algo es justo y es fácil de defender, todo el mundo lo ve claro, todo el mundo está de acuerdo y no hace falta ser valiente. Otras veces no es tan fácil. La valentía se pone a prueba cuando lo justo no se muestra de forma evidente, *cuando las cosas no son como a primera vista parecen, cuando hay que nadar a contracorriente, cuando observamos que algunas personas quieren apuntarse los tantos de otros o se busca una cabeza de turco.*

Los que tienen más peso en la organización tienen más medios para hacer valer sus puntos de vista. Suelen salir vencedores por su habilidad para presentar sus relatos al más alto nivel. Mientras tanto, los de menor nivel tienen menos oportunidades y menos tiempo para hacer política de pasillos. Pero las situaciones de poder y de justicia no están correlacionadas. Por eso se necesita mucha valentía para defender lo que humana o profesionalmente es correcto.

¿Quién determina lo que es justo en una situación? ¿Acaso no hay demasiados puntos de vista? Cierto. Por mucho que os lo preguntéis nadie os asegura que no os vayáis a equivocar en el juicio, pero es honesto que os deis un espacio para la reflexión, con espíritu valiente, abierto. Si soy empleado me gustará saber que alguien en la organización deja de lado los prejuicios y analiza qué ha pasado. Puede que el problema de ese empleado, y de otros empleados, sea el propio jefe, y haga falta algún valiente que le ponga el cascabel al gato. Si ante las injusticias, la organización hace oídos sordos, si ni siquiera la dirección o el departamento de

personas tiene el coraje de intervenir correctamente, la desmotivación laboral estará servida. Digo "correctamente", porque denunciar lo que es injusto requiere de tacto e inteligencia: ir directamente a pedirle explicaciones al jefe, como quien quiere soltar una patata caliente, solo hunde más a los subordinados. Una verdad frontal, en ese caso, no es valentía, sino imprudencia y temeridad. Si ante las injusticias, o indicios de injusticia, se encuentra el apoyo en personas que buscan la verdad asumiendo el riesgo de salir mal parados, si dejan a un lado lo políticamente correcto, ¿no son acaso héroes?

Es posible que estos héroes no disfruten del reconocimiento que merecen, porque sus superiores no comparten su sentido de justicia. Es muy posible que los de arriba no quieran problemas ni estén dispuestos a corregir o sustituir a un jefe de su puesto porque uno o varios de sus operarios denunciaron su estilo de dirección. Es muy posible que no les importe demasiado la forma en la que el jefe consigue los resultados de su equipo: ignoran que sin el compromiso del equipo los resultados nunca serán tan buenos como podrían ser.

Mi deseo es que seáis conscientes de estas situaciones y que, si llegáis a ser empresarios, directores generales, directivos o jefes, seáis capaces de percibir y evitar estas situaciones que hacen sufrir a otros. Porque cuando consentimos las injusticias, cuando miramos a otro lado para no ensuciarnos las manos, la energía positiva del equipo se va al garete, las personas claudican, se aprende que es mejor aguantar que perder el trabajo. Las personas se desencantan, se dejan vencer. Si llegáis a un puesto de responsabilidad, será entonces muy importante que sepáis encajar opiniones y críticas, que valoréis la sinceridad, aunque os cueste aceptarla. Es la relevancia de lo sutil y el protagonismo de la libertad frente a la coacción. Es la relevancia de la dignidad humana activada convertida en prosperidad.

Atreverse a defender lo sencillo

Creed que lo sencillo puede ser valioso. Dejad a un lado el prejuicio de que la inteligencia se demuestra en el alarde de soluciones complejas. Lo de poner un palito en un caramelo para que el niño no se lo trague es brillante. El invento de la rueda, más que brillante.

Convertir la complejidad en sencillez tiene mucho valor: es ponerlo al alcance de muchos, es reducir la posibilidad de cometer errores, es ganar en agilidad y en productividad. Pero si lo convertís en sencillo también es posible que todo el mundo lo entienda y perdáis el halo de "expertos". Ahí entra el conflicto de interés entre lo que le conviene a la organización y a nosotros mismos. Ahí entra el cambio de valores de la dirección, la voluntad de primar la reducción de complejidad para recuperar recursos para otros asuntos de mayor valor.

Vivimos rodeados de papeles, certificaciones, impresos, contratos, notificaciones, requerimientos, solicitudes, documentos, tasas, tarifas, autorizaciones, excepciones, presupuestos; no son más que ejemplos de un largo etcétera. Entre tanta complejidad se esconden los problemas reales: perdemos la perspectiva del negocio, de la organización, de la sociedad, de los seres humanos. Ante este escenario confuso, ¿quién es el valiente que se atreve a desenredar la madeja y lidiar con las consecuencias? ¿Qué pasa si la sencillez permite prescindir de ciertos puestos de trabajo? No es difícil saber lo que hay que hacer: lo difícil y heroico es atreverse a hacerlo.

Atreverse a defender lo impopular

Hace falta mucho coraje para defender lo correcto siendo impopular. Muchos directamente ni lo intentan. Los gobernantes son los máximos exponentes de esta cobardía: se llama electoralismo, o populismo. Por supuesto que hay buenos gobernantes, pero cada vez cuesta más encontrarlos. Con la calculadora en mano van sumando colectivos: pensionistas, jóvenes… O van sumando diputados: los de este partido, los de aquel otro. Hasta que sumen

los votos suficientes. Lo adornan diciendo que tra-
bajan para la ciudadanía y sus necesidades, pero
no es verdad: es el disimulo deshonroso propio del
conflicto de interés, del interés por permanecer en el
poder por encima de todo.

La naturaleza económica de las empresas les
obliga a tomar decisiones impopulares pero nece-
sarias; si estas no se toman, la supervivencia de la
empresa corre peligro, y todo lo que ella conlleva.
Los concursos de acreedores y el cierre de empresas
están a la orden del día. En ese sentido, la natura-
leza económica de las mismas actúa a favor de la
toma de decisiones impopulares, aunque no resul-
ten agradables para nadie. El empresario sabe bien
de estas cosas y se adapta, se reinventa y se flexibi-
liza para sobrevivir. No le queda más remedio que
afrontar la impopularidad cuando le sobreviene.
Con las instituciones públicas el tema se complica:
el déficit equivale a un cheque en blanco que abo-
na el descontrol presupuestario, la eficiencia ni está
ni se la espera. Todo desajuste va a cargo del déficit,
que es de todos y no parece de nadie. Los problemas
se dejan para el que venga después.

Decía que con las instituciones públicas no ocu-
rre lo mismo, ni el político ni el funcionario perde-
rán el sueño dándole vueltas a la cabeza para hacer
rentable su unidad. Lo impopular se olvida en fa-
vor de la maquinaria electoral. La comunicación

política es hoy la herramienta de la popularidad, en vez de ser la herramienta de la transformación. ¿Dónde queda la tarea de gobierno: analizar, debatir, planificar, consensuar, dirigir, reformar, reestructurar, crear, o eliminar…? Algunos gobernantes, y aspirantes a gobernantes, dicen que van a gobernar, pero los que hacen algo simplemente corrigen las capas más superficiales de los problemas, los síntomas…, pero difícilmente se enfrentan con las raíces que los ocasionaron. Cuando hacen ajustes, siguen apretando los mismos botones, acuden a fórmulas que les resultan familiares… pero no escarban lo suficiente, eso exigiría verdadero coraje. Los ciudadanos también contribuimos a esta falta de valentía cuando estamos dispuestos a castigar en las urnas a quienes se atreven a tomar medidas que nos perjudican, aunque sea por una causa superior. ¿Causa superior? Lamentablemente, las causas superiores han sido, mayormente, sustituidas por el cortoplacismo. ¿Causa superior? Sálvese quien pueda.

Me viene a la mente el caso de los padres como educadores. Bajo esa función, los padres no pueden darle siempre al hijo lo que este desea. Aunque resulte "impopular", hay que decirle al niño que no se meta la moneda en la boca, que no se ponga a gritar en el restaurante, que comparta las cosas con su hermano y que haga los deberes, ¿o no? La educación es un valor que no puede estar sometido a la tiranía de la popularidad. Dos puntos a favor de los padres respecto a los gobernantes: el primero es que quieren realmente a sus hijos, su futuro les importa; el segundo, no tienen que ser votados por sus hijos para ser padres. Actuar con sentido de responsabilidad en la educación de los hijos, lo entiendan en ese momento o no, es de vital trascendencia. Ser madre o padre es una responsabilidad mayor que la de ser "colega" de la hija o del hijo. Que la falta de valentía acabe mermando nuestro sentido de responsabilidad es un error imperdonable. La impopularidad o la incomprensión, en todo caso, pueden ser dificultades a tener en cuenta en el camino, pero no pueden decidir el camino.

Atreverse a trabajar con perfiles diferentes

Diversidad de perfiles o, por el contrario, todos cortados por el mismo patrón. La diversidad se presenta como un elemento enriquecedor del trabajo en equipo. Cierto: aunque a veces puede suponer un gran reto.

Algunas personas no acaban de comprender la verdadera amplitud de lo que significa "perfiles diferentes". Creen que un joven economista y un joven ingeniero son perfiles diferentes, porque cada uno estudió una cosa y tiene una especialización. Pues no: a veces son tan iguales que si te quedas con uno te sobra el otro. La idea de los perfiles dife-rentes significa tratar con personalidades diferentes, formas distintas y variadas, mentales, emocionales, prácticas e intuitivas de enfocar el trabajo.

Las personas diferentes a nosotros pueden lle-gar a descolocarnos con sus puntos de vista. Por eso hace falta valentía para tenerlos en el equipo. Cuando quisiéramos estar cerrando una decisión traen argumentos que no habíamos contemplado sacándonos de la zona de confort. Cuando quere-mos tener la razón y disfrutar de la obediencia que confiere la jerarquía, tienen algo que añadir. A lo largo de mi vida profesional he encontrado a perso-nas muy lanzadas y reflexivas, muy creativas y muy racionales, muy clásicas y muy modernas. Lidiar con la diversidad no es fácil. A veces uno preferi-ría trabajar con personas de perfiles más cercanos a la media. Pero ¿sabéis? No hay mayor riqueza que contar con aliados fuertes y diferentes cuando los entornos cambian y los retos se transforman. Y estos son tiempos de cambio y seguirán exigiendo transformaciones.

Cuando Clara acabó de leer la carpeta había demasiadas ideas en su cabeza. Tenía la mente en ebullición. Nadie le había puesto ejemplos concretos de la valentía como una cualidad de las personas en la organización y reconoció que ella no siempre había sido valiente ni había apreciado la valentía en otros.

Pasó varios días tratando de recordar a las personas que habían discrepado profesionalmente con ella en el pasado. Empezó a verlas con otra perspectiva y comprensión, no exenta de cierta inquietud por no haber sido justa en algún momento. Se acordó de Pablo, un compañero en la empresa textil, que había discrepado sobre el diseño de unos escaparates. A Clara no le gustó que Pablo tuviera el coraje de disentir y lo clasificó en el apartado de las personas que no eran capaces de lanzarse. Pero lo cierto es que ahora, después de varios años, le daba la razón a Pablo: aquellos escaparates eran exagerados y poco apropiados. En su fuero interno desearía tener la oportunidad de decirle ahora a Pablo: "lo siento". También se acordó de Laia, la psicóloga de selección de personas en la empresa de perfumería, cuando esta le dijo que el candidato que a Clara más le gustaba era excesivamente individualista. Clara se molestó abiertamente con Laia porque no le dijo lo que deseaba escuchar, y ahora lamentaba haber sido intransigente en aquella situación. Por aquel entonces Clara estaba demasiado enfrascada en hacer valer sus propias opiniones.

También pasó la semana pensando en los riesgos de la innovación y en la valentía necesaria para invertir tu dinero o tu energía en un proyecto innovador en el que nadie te asegura el resultado. Reflexionó acerca de sus cualidades reales como emprendedora. Se veía a sí misma como una mujer emprendedora, pero la lectura de la carpeta hizo que algo se le revolviera por dentro: ahora ya no estaba tan segura. Ella no había creado ninguna empresa, no se había jugado su dinero ni su tiempo. Se preguntó hasta dónde sería capaz de llegar por defender una idea. En algún momento la inquietud se tornó en angustia, pero hizo lo posible por quitársela de la mente. Pensó en cuántas cosas le quedaban por aprender. Por primera vez echó de menos haber conocido a Angelique.

Una de esas noches, después de cenar, Clara quiso saber la opinión de Iván.

—Cariño, ¿crees que soy injusta a veces? Cuando me obceco, digo...

—¿De dónde sacas eso? No, no lo pienso jamás.

—He pensado en tantas veces que creía tener razón en los asuntos del trabajo y se la impuse a los demás —explicó Clara con tristeza.

—¿Y cómo sabes que no la tenías? —preguntó Iván—. No deberías calentarte la cabeza con esas cosas, es agua pasada...

—Pero las personas debemos tratar de mejorar, reflexionar sobre lo que hicimos mal para no volver a repetirlo —replicó ella sin encontrar alivio en aquella respuesta.

—Desde luego, pero no después de un día de trabajo intenso. Es hora de desconectar, estoy seguro de que lo hiciste lo mejor que supiste, eso es lo que cuenta —sentenció el joven abogado.

Clara hubiera querido entablar una conversación más profunda con Iván, pero él no parecía interesado en ahondar en estas cuestiones. Iván era activo, directo y siempre iba hacia adelante, pero era poco dado a la introspección.

Al día siguiente, Clara estaba respondiendo el correo electrónico, cuando entró una llamada del exterior.

—Hola Marcos —dijo Clara. Era su hermano menor—. ¿Cómo es que me llamas a estas horas? ¿Qué sucede?

—Ya han salido los resultados para la plaza. Le dan el puesto al chico del que te hablé...

—Cuánto lo siento... Ya te lo temías, ¿no? ¿Cómo estás de ánimo?

—Pues bastante tocado. Puedo aceptar que otro candidato con mejores méritos gane la plaza, pero este no se lo merece más que yo —añadió Marcos, indignado.

—Cuéntame, ahora tengo tiempo, falta un rato para una reunión...

—Pues lo que nos temíamos... La plaza es para el que le hace los trabajos al catedrático. No sabes cómo le hace la pelota. Si no fuera porque todos lo vemos dolería menos. ¿Es que no puede haber algo de justicia?

—Es injusto, pero ya sabes que estas cosas pasan...

Mientras Clara hablaba con su hermano se asombró de escucharse a sí misma. Recordó la frase "las cosas son así y no vas a poder cambiarlas".

—Es que tienen la cara muy dura y, desde luego, muy poca vergüenza —siguió Marcos, desmoralizado—. Solo quería decírtelo, he trabajado duro y necesito desahogarme. He hecho todo lo que estaba en mi mano, y no ha servido para nada...

—Los dos lo sabemos. No te inquietes más, ¿vale? Esta noche te llamo y me lo cuentas con detalle.

—Gracias, hermana..., me alegro de tenerte.

—Y yo a ti, Marcos.

Clara pensó que si ella estuviera en la posición del catedrático no actuaría así. No sería la causa del desasosiego o de la indignación de otros. Lamentaba la decepción de su hermano. De hecho, sentía sus éxitos y sus fracasos como si fueran propios, o incluso más. Clara tenía la capacidad de sobreponerse a las dificultades, pero sabía que su hermano se deprimía con mayor facilidad. Trató de buscar argumentos que realmente sirvieran para animarle, porque le dolía la contestación que le había dado a su hermano: tranquilo, ya sabes que estas cosas pasan. ¿Cómo podía haber dicho eso? Hubiera sido mejor callarse que pedirle a Marcos que se tranquilizara con un argumento pésimo. Pensó en lo que había leído sobre el conflicto de interés, acababa de presenciar la desesperanza y no había tenido que ir lejos para encontrarla, qué curioso.

De pronto se dio cuenta de su propio poder, de que ella también tenía personas a su cargo y que, en consecuencia, tenía la capacidad de ser justa o injusta con ellas. Ella era "el catedrático" para su equipo. Sintió un escalofrío. ¿Creerían sus subordinadas que ella tenía conflicto de interés? No se preocupó por el qué dirán sino por cómo lo estaba haciendo en realidad. Reconoció que tratar de eliminar tu propio conflicto y el de otros para no perjudicar a terceros es un gesto de una gran nobleza. Afinaría su sensibilidad para evitar sus propios conflictos y los de otros.

Solo entonces se sintió aliviada.

CARPETA 4/7
RODÉATE DE BUENA GENTE

Rocío LE TRAJO A Clara los currículums recibidos para cubrir un puesto de diseño. Le explicó a Clara sus preferencias en cuanto a perfiles. Por fin había tiempo para las cosas cotidianas, dejadas en *stand-by* cuando quedó vacante la dirección de marca. Rocío había percibido la parte buena y la mala de no haber tenido una supervisión atenta durante los últimos meses. La parte buena era no haber tenido que resolver las exigencias de una jefa. La mala, no saber a quién acudir cuando había tenido problemas o necesitado más medios. Aunque Martina había tratado de suplir el vacío de la dirección de marca, lo había hecho a grandes rasgos. Los asuntos no urgentes habían quedado aparcados.

—¿Te los dejo aquí? —preguntó Rocío.

—Sí, por favor, así me hago una idea del nivel de los candidatos —respondió Clara—. Cuando les haya dado un vistazo comentamos.

—Desde luego —confirmó la responsable de la imagen visual de la marca.

—La persona que contratemos va a trabajar contigo, así que es más decisión tuya que mía —precisó Clara—. Lo único que quiero es garantizar que tengamos currículums de personas cualificadas. Si el nivel es flojo tendremos que buscar más, aunque nos lleve más tiempo. No vamos a conformarnos con lo primero que salga, por mucha necesidad que tengamos de cubrir el puesto.

—He visto dos bastante buenos —informó Rocío—, los tienes marcados. El problema con el tiempo es la enorme presión del equipo comercial: siempre están pidiendo catálogos, folletos, vídeos y todo tipo de material promocional. Al final se nos amontona el trabajo y, si nos atrasamos, nos acusan de ser poco sensibles a las necesidades del mercado.

—Conozco esa guerra, el equipo comercial siempre pide más y más materiales de venta. Pero no haremos nada que no esté a la altura de la marca —sentenció Clara—. Así que definiremos las prioridades con ellos e iremos paso por paso.

Clara cerró el archivador con los currículums y levantó la vista hacia su colaboradora.

—Te confirmo en breve a quiénes hacemos entrevistas ¿conforme?

—Conforme —dijo Rocío, más relajada por el respaldo de su jefa.

A la vuelta de su primer viaje por Europa, Clara retomó la lectura de las carpetas. Era el turno de la que llevaba el número 4/7 y estuvo de acuerdo con el título que figuraba en su portada. Siempre había querido rodearse de buena gente.

Carpeta 4/7. Rodéate de buena gente

¿Qué entendemos por buena gente? Como punto de partida apuntaré que no pretendo hacer una lista de los requisitos que definen a la buena gente; tan solo quiero resaltar ciertas cualidades que he encontrado poco valoradas o distorsionadas. Me refiero a cualidades que se salen de los clásicos estereotipos y que, cuando están presentes, convierten a personas normales en gente extraordinaria.

Gente sincera

Resalto el valor de la gente que se equivoca y lo reconoce porque, lamentable y mayoritariamente, la sinceridad no está valorada. La humildad, tampoco. Permitidme que lo diga más claro: en un entorno laboral convencional, reconocer errores no abre puertas, sino que las cierra. Y cuando un asunto logra enredarse entre varios departamentos, el espectáculo de balones volando entre tejados puede ser fascinante.

¿Os imagináis a un directivo convencional reconociendo con espontaneidad que se ha equivocado? ¿A que no es muy habitual? Pues os aseguro que todos cometemos errores y el directivo en cuestión, también. La cuestión es si aprendemos de ellos y si los compartimos para evitarlos. Sin embargo, la negación de los errores es una práctica muy instalada en las organizaciones y en la sociedad, y de ese modo creamos entornos donde se encadenan los errores. Nadie se hace responsable, todo el mundo tiene una excusa o su media verdad. Nadie busca la verdad entera.

Si una persona de vuestro equipo no reconoce su error por falta de valentía o de humildad, os encontráis con dos problemas: primero, el propio error cometido y segundo, que la persona no es capaz de abrirse. En esta situación, prefiero tener un problema que dos. Prefiero saber dónde estamos y qué ha pasado. Sin sinceridad, las justificaciones y excusas interminables empañan los procesos y los confunden. Las causas pierden trazabilidad y, en consecuencia, las soluciones pierden el foco. ¿Cómo dirigir entonces? ¿Hacia dónde ir y de quién fiarse?

Resultaría contraproducente perjudicar al que reconoce un error mientras se va de rositas el que no asume nada. No ser capaz de ver el juego psicológico en estas situaciones conduce a una dinámica peligrosa, fruto de una lógica enrevesada. Personalmente creo que se debe prescindir de quienes acumulan errores por desinterés, falta de atención o de preparación, porque de ningún modo se puede justificar la mala calidad o el mal servicio: el valor de la exigencia no puede ponerse en jaque. Los errores deben quedar dentro. Dentro se comparte, se discute, se aprende, pero hacia el exterior hay que dar la talla. La exigencia es fruto del respeto y fidelidad a la promesa de valor que entregamos a los clientes, es la expresión de la palabra dada sobre el producto o servicio que ofrecemos, además de ser la fuente de los ingresos, de los salarios, las inversiones y los beneficios.

¿Por qué se niega el error cometido? ¿Qué motivación alimenta esta conducta? La negación puede proceder del propio ego o del instinto de supervivencia, situaciones de naturaleza muy distinta. La negación por ego es la del que vive por y para su imagen, la del que jamás reconocerá un error ni asumirá un fracaso; su desvergüenza hace que niegue la evidencia, incluso cuando ha quedado al descubierto. Tenerlos en el equipo es mal negocio y será mejor que prescindáis de ellos cuando tengáis ocasión. No podréis establecer

111

reglas de juego ni objetivos de equipo porque ellos llevan su propia métrica interna: «Yo muy bien, los demás regular o mal».

Otras veces es el instinto de supervivencia el que alimenta una dinámica viciada. En una organización tóxica los empleados aprenden que si son sinceros y lo reconocen bajarán puntos, mientras que si se resisten panza arriba asignando a otros la culpa es posible que salgan beneficiados en algún momento. Los empleados son tremendamente intuitivos y aprenden a sobrevivir según lo que ven y escuchan a su alrededor.

Si las cosas funcionan así es porque los directivos y los jefes son insensibles a los aspectos éticos de la organización, porque ellos mismos alimentan la dinámica viciada por acción u omisión. Trabajar en este ambiente no despliega el potencial de las personas y la organización pierde lo que no está escrito, a menudo sin percatarse de la dimensión de su pérdida. El rendimiento, la prosperidad de una organización, se obtiene granito a granito con cada persona que se implica, que se abre y que confía.

Trabajar con gente extraordinaria, sincera y humana, ha sido una de las mayores satisfacciones de mi vida profesional. Los descubres en las situaciones límite, que es cuando emergen los verdaderos valores de la gente. Es ante los problemas y las crisis cuando ves con toda nitidez lo que las personas *están dispuestas a hacer para salvarse a sí mismas o si existe un compromiso de lealtad con la organización y con el resto del equipo.*

Defiendo ser firme con la honestidad de la gente a cambio de aceptar que las personas nos equivocamos, lo cual no es abogar por la complacencia o la falta de exigencia. Significa permitirnos ser nosotros mismos en un entorno seguro, sin la hipocresía de la apariencia. Significa respetar el ser por encima del parecer.

Gente con buenas actitudes

La actitud ha sido suplantada en relevancia por el logro de los objetivos cuantitativos. Demasiadas veces, alcanzar las cifras está por delante del modo en que se consigan. Si un directivo no logra los objetivos o mejora las cifras en el corto plazo, está muerto. Desde mi punto de vista, es una mirada imperfecta y empobrecedora.

Estar rodeado de buena gente implica, desde mi particular visión, volver a valorar las actitudes por encima de los objetivos cuantificables. Os quiero hablar de la actitud como motor del rendimiento, en las duras y en las maduras, como factor revelador del auténtico compromiso. Compartiré mi visión sobre el efecto perverso que los objetivos cuantitativos pueden tener si no se gestionan con discernimiento, si se les otorga una importancia suprema que no les corresponde. Como ejemplo, no podemos olvidar las grandes crisis financieras, de terribles consecuencias económicas, mientras sus altos ejecutivos se llevaban fortunas en primas.

En materia de objetivos cuantificables hay que considerar el entorno y las circunstancias concretas. Nadie diría que tiene el mismo mérito nadar en mar tranquilo que en un mar tempestuoso. Algo parecido puede suceder en el mar de la empresa.

Recuerdo a un ejecutivo audaz, en los inicios del comercio electrónico. Su nivel de creatividad y su osadía le llevaban a aceptar los retos que otros compañeros de la empresa no hubieran aceptado. Cuando llegaba el momento de determinar la recompensa, el logro de sus objetivos no hacía honor a su esfuerzo. Mientras tanto, otros compañeros de trabajo, en áreas de negocio ya establecidas y de probada rentabilidad, obtenían satisfactoriamente sus recompensas ligadas a objetivos; se creían mejores.

La breve historia del ejecutivo nos enseña que, a veces, las metas cuantificables no son el fiel reflejo del esfuerzo, ni del mérito, ni siquiera del logro, porque hay muchos más elementos en consideración. Quizá el resto de la organización no le prestó el apoyo suficiente, siguió con lo suyo y a lo suyo, fiel a los compartimentos estancos. Quizá los colegas más conservadores optaron por la crítica *más que por la cooperación. Paradójicamente, la alta dirección de la empresa, la misma que decidió encargarle el proyecto al ejecutivo, seguía teniendo una visión convencional; premiaba sin titubeos, con sustanciosos bonos, a los directivos que se ocupaban de áreas de negocio rentables mientras regateaba el bono del ejecutivo. Lo que sugiero es que miréis más allá de los objetivos cuantitativos porque el aura de incertidumbre que tenía en su momento el comercio online, lo tendrán hoy otros asuntos con el mismo nivel de disrupción.*

El equilibrio puede estar en una combinación de objetivos cuantitativos y cualitativos. Lo que pasa es que la cabeza se nos va con demasiada facilidad a las dimensiones medibles. La inercia es poderosa. De hecho, el ejemplo de profesionalidad que ofrecen las empresas de capital riesgo es "no dejar títere con cabeza" si no salen las cifras.

¿Qué sucede, en cambio, con los que consiguen los objetivos cuantificables con pobres actitudes? Podría ser el caso del responsable de una planta industrial que dice haber rebajado los costes manteniendo la calidad, pero el consumidor percibe finalmente que el producto ha empeorado. Podría ser el caso del vendedor que acaba vendiendo a clientes de dudosa solvencia y con ello alcanza su objetivo de ventas. Podría ser el caso del que aprieta tanto al proveedor que este le dará un producto de menor

calidad. Podría ser el directivo que recorta gastos, no superfluos, para que le salga un resultado mejor a corto plazo deteriorando el largo plazo. Podrían ser muchas cosas. Cuántas veces ocurre que, acabado el año y cobrado el bono, se descubre que detrás de los logros aparentes se escondían problemas y desaguisados.

Las personas "pragmáticas", a las que llamaré convencionales, encuentran enseguida solución a estos problemas. Para ellos, ni siquiera son problemas. La solución —dirán— es crear una Dirección de Calidad, independiente de la Dirección de Producción, para que el susodicho responsable de producción no pueda hacer trampa alguna. La solución —dirán— es hacer que el vendedor cobre sus comisiones sobre las ventas netas, es decir, habiendo descontado los impagados. La solución —dirán— es tener muestras originales de los proveedores y comparar con ellas. ¿Acaso no son razonables estas soluciones?

Mi visión es otra. No quiero colaboradores cuya visión egocéntrica y codiciosa obligue a la empresa a crear estructuras y sistemas de control por doquier. La mejor muestra la tenemos en el ámbito público, con entidades de control para todos los gustos. ¿Y funciona el Estado?, ¿acaso logran las entidades de control que haya calidad, agilidad y ausencia de corrupción en la acción pública? Superemos *la autocomplacencia de haber diseñado un sistema supuestamente perfecto. Esa es la razón por la que os invito a valorar a los colaboradores que se comprometen con su misión en la organización y después actúan con la mínima y justa vigilancia.*

Por último, recordemos el chiste del sacerdote virtuoso y el taxista temerario al volante y ateo. Ambos mueren y llegan al cielo. Al sacerdote le acaban dando una túnica sencilla de hilo y una habitación austera, mientras al taxista le premian con una túnica de hilos de oro y una suite de lujo. El sacerdote se dirige a san Pedro para insinuarle que debe haber habido una equivocación. San Pedro le dice que en el cielo se han modernizado y ahora evalúan por objetivos. Le explica al sacerdote que mientras él hacía el sermón la gente dormía, pero cuando el taxista conducía la gente rezaba. ¡Evaluación por objetivos!

Gente válida

Es muy importante tener formación, sobre todo porque es un indicador de espíritu de superación y de exigencia. Es importante estudiar, haber estudiado, seguir estudiando, pero no cerréis la puerta a personas extraordinarias por su falta de título. Mirad sus vidas, sus circunstancias, sus vivencias, sus habilidades, su coraje y su fortaleza. Que no os cieguen los títulos. He convivido profesionalmente con auténticos parásitos con títulos, sin frescura alguna para proponer o reaccionar con creatividad y valentía; se instalan en las empresas e instituciones porque hablan con datos o manejan información que otros apenas comprenden, desplegando un aura de saber que jamás se concreta en nada valioso.

El mundo y las instituciones serían mejores si no hubiera tantos falsos expertos, rebosantes de normas y de tecnicismos, maestros endiosados por la complejidad que solo ellos saben crear. Frente a ellos, hay emprendedores, empresarios familiares y gente con coraje y constancia, aportando valor a la sociedad.

La mujer cambia el juego

He dejado mi referencia a la mujer como el último apartado de esta sesión, como quien deja el postre más suculento para el final. Me refiero a que el juego al que jugamos está agotado. Debemos activar uno diferente, y la mujer tiene las claves. Para ser justa diré que son las características tradicionalmente asociadas a la feminidad, no las mujeres per se, las que poseen las claves para reinventar este sistema obsoleto y deshumanizado.

Las empresas, la política y la sociedad en general, rebosan de rasgos típicamente asociados a la masculinidad, como la fuerza, la racionalidad y el análisis. Estas cualidades impregnan el mundo económico y el poder político, son las reglas que definen nuestro entorno. Esa es la razón por la que se priman los objetivos cuantificables, la racionalidad. Esa es la razón por la que las personas, organizaciones e incluso los partidos políticos, compiten en detrimento de la colaboración, la fuerza. Esa es la razón de tanta burocracia, el análisis. La sociedad está claramente escorada al poder y a los números. Los anhelos humanos no encuentran cobijo en estas dimensiones, y por eso cuesta encontrar la felicidad en el trabajo.

La sociedad necesita, cada vez con mayor inminencia, de la empatía, la comunicación, la intuición, la colaboración y la visión holística, cualidades típicamente femeninas. La sociedad necesita ser diseñada y cuidada con estas cualidades para combinar lo cuantitativo y lo cualitativo, lo tangible e intangible, como la madre que no solo limpia el rasguño del hijo, sino que seca su llanto con un abrazo.

La mujer no logra brillar con la frecuencia e intensidad que debiera porque los valores vigentes de los negocios y de la sociedad siguen siendo eminentemente masculinos. Si jugamos al baloncesto escogeremos jugadores altos, si jugamos al ajedrez escogeremos jugadores estrategas, si jugamos a *vencer escogeremos jugadores con fuerza y si juga-mos a cuidar escogeremos jugadores con esmero y afecto. Todo depende del juego al que juguemos. Es hora de cambiar el juego para empezar a cuidar de las personas, empresas e instituciones.*

Cambiar el juego no es cambiar simplemente las palabras, ni las normas, ni los objetivos, sino algo más profundo: va de cambiar valores y las creencias que tenemos sobre ellos, es decir, la for-ma de interpretarlos. Es sentir, entender, afrontar, pensar y actuar de otra manera. Me impactó saber de un hombre que trataba de argumentar por qué las mujeres cobraban menos y eran ascendidas en menor grado en las organizaciones. Explicaba, con rostro de satisfacción, que no era por discrimina-ción sino porque las mujeres eran menos resoluti-vas. Creyó haber resuelto la cuadratura del círculo.

La transformación necesita profundizar en las palabras. Si creemos que ser resolutivo es el "pim, pam, pum" o "soy el jefe y decido", defini-tivamente, las mujeres son menos resolutivas. La pregunta es ¿qué entendemos por ser resolutivo? ¿Tomar decisiones rápidas que nacen de la fuerza o del poder? ¿Adoptar decisiones sin haberlas con-sensuado? ¿No tener dudas? ¿O tomar decisiones holísticas y sostenibles? El cambio de juego está en las esencias sutiles, en ir más allá, donde lo irreso-luble encuentra luz.

*Mi propuesta es apostar por las cualidades fe-
meninas, de las que las mujeres vamos mejor sur-
tidas, para sugerir un cambio de juego. El reto es
para mujeres y hombres capaces de mostrarse vul-
nerables porque no hay debilidad en ello, mujeres y hombres con vocación de cuidar y colaborar,
mujeres y hombres abiertos a la intuición. No se
trata, para nada, de que más mujeres lleguen al
poder para seguir jugando un juego esencialmente
masculino, se trata de cambiar las reglas. Es lo
que os estoy invitando a hacer a lo largo de las
sesiones: mirar de otra forma, con empatía, flexi-
bilidad y generosidad.*

Patricia telefoneó a Clara en respuesta a una
nota que tenía sobre su mesa.

—Me has llamado, ¿no? ¿En qué te puedo
ayudar? —preguntó la directora de personas.

—Quería comentarte una duda sobre la evaluación de objetivos...

—Dime...

—He estado pensando en lo que le ha pasado a Rocío con la partida de gasto de diseño
externo, en cómo se le fue de las manos... ¿Qué
piensas que hay que hacer cuando alguien no
cumple su objetivo porque otros interfieren pi-
diéndote cosas que no están previstas?

—Los objetivos están para cumplirlos. Cuando los aceptas los haces tuyos, después de eso nadie debería poner excusas —sentenció Patricia.

—Comprendo. Yo tampoco acepto las excusas, pero a veces hay circunstancias adversas o sobrevenidas —insistió Clara—. No lo digo por Rocío, lo digo por ponernos en el lugar del otro.

—Pues si las hay, es responsabilidad de cada cual manejarlas —concluyó la directora de personas.

La visión de Patricia no dejaba lugar a dudas. Si eres bueno, cumples los objetivos. Y si no los cumples, no eres bastante bueno. Su fe en los objetivos era incuestionable. Clara había intentado, sin éxito, entablar una conversación con Patricia al respecto de lo que había leído en la carpeta sobre las actitudes y los objetivos. Quería contrastar con ella los matices y reflexiones que Angelique había sugerido, pero la posición tajante de Patricia no le dio opción. Además, ella detestaba las excusas que esgrimían los que trabajan mal por ineptitud o falta de compromiso. No le quedó más remedio que darse respuesta a sí misma considerando que la visión de Angelique era simplemente más abierta, con más variables en el tablero, pero no le había dado la impresión en ningún momento de que su predecesora estuviera por favorecer las excusas. Simplemente invitaba a reflexionar, para evitar que el sistema de objetivos se convirtiera en arma de doble filo para la motivación.

—Buenos días, Jimena —saludó Clara al entrar por la mañana en la oficina—. Cómo me gusta la limpieza, umm…. ¡que bien huele!

Jimena, la encargada de la limpieza, sonrió con satisfacción.

—Es usted muy amable, siempre tiene buenas palabras para agradecer mi trabajo.

—Por supuesto, ¿por qué no? —insistió Clara.

—Usted tiene algo que me recuerda a la Sra. Angelique, ¿sabe?

—¿Sí? ¿El qué?

—Usted aprecia el trabajo de los demás y distingue cuándo las cosas están hechas con cariño.

—Lo cierto es que soy muy maniática con la limpieza; me gusta entrar en el despacho y que huela a limpio. Pero ¿por qué me dice que le recuerdo a la Sra. Angelique?

—Tengo esa impresión desde que usted empezó a trabajar aquí. Permítame la confianza, pero es que hay personas que valoran el trabajo de los demás, aunque se trate de un trabajo sencillo como el mío. Y otras que no.

—A mí no me parece un trabajo tan sencillo. De hecho, he renunciado a quitar cualquier mancha de mi ropa, porque no sabría, y lo llevo todo a la tintorería. He renunciado a desesperarme —bromeó Clara.

Jimena sonrió ante el tono amistoso de la directiva.

—Mire, Jimena, lo que yo sé es que el trabajo se puede hacer bien y mal, sea más o menos sencillo, y usted lo hace bien. Eso es lo importante.

—Ojalá todo el mundo fuera como usted...

Clara entró en su despacho con un café en la mano mientras pensaba en Jimena. Aquella mujer era buena gente; probablemente Angelique había pensado lo mismo. Era discreta, responsable y le gustaba ayudar en lo que hiciera falta. Y además sonreía. A Jimena le gustaba explicar que le faltaba un año para jubilarse y que su deseo era pasar más tiempo con sus dos nietos. Clara pensó que se merecía que la vida le fuera bien.

Clara estuvo reflexionando sobre la gente que había conocido en su vida profesional. Había conocido a gente maravillosa pero también a gente antipática; a gente inteligente y a gente mediocre; a quienes se mostraban con franqueza y a quienes mantenían su coraza. Entre trabajar con unas o con otras, había un abismo. Lo que hacía bueno el trabajo dentro de un equipo eran las buenas personas y lo que hacía buena a la empresa era la capacidad de esas personas para ponerse retos y alcanzarlos.

CARPETA 5/7
RECOBRAR EL VALOR DE LA PALABRA

Toc, toc... alguien estaba dando suaves golpecitos en la puerta del despacho de Clara. Era el abogado de la empresa.

—Hola Nicolás. Pasa, pasa... ¿qué haces por aquí?

—He venido a enseñarle a Martina las falsificaciones de las que te hablé. Martina quiere verlas físicamente, por eso las he traído. Pero he llegado quince minutos antes de la hora.

—¿Las puedo ver? —preguntó Clara.

Mientras Clara examinaba con detenimiento y cierta indignación los productos falsificados, Nicolás le hizo una pregunta casual.

—¿Vas a ir al concierto del hijo de Martina el sábado?

—No, no puedo, me voy el viernes a Milán.

—¿Trabajo o placer? —preguntó el abogado con su curiosidad habitual.

—Me voy con Iván, nos merecemos un descanso.

—Que bien, yo estuve allí en fin de año con mi mujer, lo pasamos muy bien. Allí compré esta corbata -dijo Nicolás con ademán de mostrarla.

—Es muy bonita. Y tú, ¿irás al concierto?

—Sí que iré. Dice Martina que si vamos nos invita a las copas. Para ella es una ocasión especial, su hijo es el batería del grupo...

Clara terminó de examinar las falsificaciones.

—Detesto a los falsificadores, destruyen y se apropian sin escrúpulos de las marcas que a otros nos cuesta tanto gestionar —concluyó Clara.

Se hicieron unos segundos de silencio, y quedaron en el aire las últimas palabras de la directora de marca.

—Veo que estás leyendo los contratos de franquicia —cambió de tema Nicolás. Sus ojos no podían dejar de curiosearlo todo—. Y esas son las anotaciones manuscritas de Angelique...

—Caramba, ¿cómo lo sabes? —preguntó Clara.

—Tengo memoria fotográfica... Recuerdo la primera vez que los redactamos. Un lunes me trajo un montón de folios, escritos por las dos caras. Había estado trabajando el fin de semana, dijo que se le había estropeado el ordenador y lo traía todo a mano. ¡Qué mujer! Reconozco su letra desde entonces.

—Es una letra que se entiende bien.

—Solíamos entablar discusiones sobre la extensión que debían tener los contratos de franquicia —continuó Nicolás—. Preparé un modelo de contrato extenso con muchas cláusulas y subcláusulas, pero ella no quería que fueran tan extensos; confiaba más en seleccionar bien al franquiciado, en verificar sus valores profesionales. Prefería prevenir antes que curar con batallas legales.

—Comprendo —dijo Clara.

—Pero claro, teníamos que redactar buenos contratos, por lo que pudiera ocurrir —matizó Nicolás.

—Parecen buenos, por lo que voy leyendo… —constató Clara.

—Como abogado yo era el responsable de los contratos y ella siempre lo respetó, pero era una gran negociadora.

—¿Sabes algo de ella?

—No, pero espero que le vaya bien —concluyó Nicolás—. Bueno, ya es la hora... Martina se pone nerviosa con la impuntualidad.

La carpeta 5/7 era la última del archivador del lomo color índigo, pero Clara creía recordar que en la introducción se decía que eran siete ideas. Fue a la primera carpeta para confirmarlo: efectivamente, siete.

Empezó a leer la carpeta sobre recobrar el valor de la palabra mientras acudía a su mente el recuerdo de su abuelo paterno, un agricultor modesto que se pasó la vida haciendo los acuerdos propios del campo. Solía decir que solo se podía hacer negocios con gente de palabra.

CARPETA 5/7. RECOBRAR EL VALOR DE LA PALABRA

Las personas mayores nos cuentan cómo eran las cosas cuando los tratos se hacían de palabra. La gente se daba la mano y el acuerdo estaba sellado. La sencillez era máxima.

Está claro que los tiempos cambian, que la mayor parte de las personas no pasan toda su vida en un pequeño pueblo donde todos se conocen y se sabe de la reputación de la gente. Además, el número, la tipología y la complejidad de los tratos ha crecido de forma exponencial. Como consecuencia, los papeles son necesarios para formalizar los acuerdos y poner por escrito la palabra dada.

Lo curioso del tema, es que he encontrado personas que no solo no respetan la palabra dada verbalmente, sino que ni siquiera respetan la palabra puesta por escrito y firmada por ellos mismos. Su capacidad para desentenderse de sus compromisos es sorprendente cuando lo firmado deja de convenirles. De este modo, nuestra sociedad se ha complicado de un modo increíble. Donde antes existía una extrema sencillez basada en la palabra y algún que otro papel, encontramos ahora la complejidad de un montón de papeles que ni siquiera son suficientes para garantizar el cumplimiento de los acuerdos. Ante los papeles firmados y su incumplimiento solo nos queda el pataleo y la denuncia en los tribunales de justicia.

El valor de la palabra se asienta en el respeto hacia las otras personas y, por supuesto, en el respeto hacia nosotros mismos. Respetar lo hablado es respetar el derecho de la otra persona a creer en lo que le dijimos. Respetar lo hablado es respetarnos a nosotros mismos, como personas dignas de confianza. Lo cierto es que nos duele más cuando la gente nos *falla que cuando somos nosotros quienes le fallamos a la gente. Pero tan malo es no fiarse de otros como no fiarse de uno mismo. A quienes te fallen, podrás dejarlos en el camino, te cueste más o te cueste menos, pero a ti mismo no te podrás dejar: por eso es importante que tengas la conciencia tranquila y motivos para valorarte como ser humano.*

Mi reflexión, a nivel organizativo y de liderazgo, gira en torno a la importancia de recobrar la sencillez, recobrando el valor de la palabra: esa sencillez que es bálsamo en las relaciones profesionales y en la convivencia humana, esa sencillez que lo hace todo más fácil, porque ni desconfía ni teme. En otras palabras, las organizaciones están llenas de personas con funciones entrelazadas y misiones conjuntas. Son accionistas y empleados, jefes y subordinados, compañeros y colaboradores, interactuando en el día a día. Y cuando la palabra pierde su valor en la interacción, la realidad se complica y la burocracia toma el poder. Todo tiene que estar reflejado en un documento: «Eso dámelo por escrito», se dice, se exige; si no tienes un papel no tienes nada, estás desprotegido. Cuando las conversaciones verbales pueden ser olvidadas a conveniencia, se teme y se duda, porque el que dio una orden puede decir después que no la dio.

Si falla la palabra, la organización se hace más y más burocrática, y rellenar y mover papeles pasa a ser el malentendido trabajo. El verdadero trabajo, ya sea fabricar, vender o prestar el servicio oportuno, no ocupa la prioridad que le corresponde. La productividad se torna esquiva. Lo que podría hacerse en 15 minutos no llegará a hacerse en el día; al día siguiente habrá que acordarse de que quedó pendiente; para resolverlo habrá que escribir un mail a otro departamento porque hoy no cogen el teléfono. Al día siguiente quizá nos contesten al mail, aunque nos van llegando nuevos asuntos y el que debía resolverse en 15 minutos ha logrado diluirse como uno más en nuestra creciente carga de trabajo. Estamos inmersos en una "locura" de trabajo. ¿Cuál es la locura? ¿La cantidad de trabajo, los procedimientos perversos o las actitudes poco proactivas?

Si falla la palabra, el bienestar de los empleados también se deteriora. Le decís a un subordinado que le mandaréis a un curso de formación en cuanto sea posible. Le decís a un equipo que se harán ciertas inversiones cuando haya presupuesto. Le decís a alguien que vais a averiguar qué ha pasado con relación a un problema del que os ha informado. Imaginad situaciones en las que hayáis dicho cosas a los empleados. Es muy importante que el empleado sepa que vosotros, como jefes, recordáis lo hablado. Si el empleado duda de tu palabra, empezará a elucubrar... ¿Me lo ha dicho de verdad o me lo ha dicho para acabar pronto? ¿Le importo? ¿Lo defenderá frente a terceros? Mientras la mente del empleado está en la duda no está en el trabajo. Mientras la falta de seguridad o claridad merodea, no hay foco en la tarea.

Cuántos jefes han abusado de la confianza de sus empleados, ofreciendo palabras que no pensaban cumplir. Cuántas idas y venidas de los empleados, llenas de expectativa y de esperanza, hasta que se dan cuenta de que ese jefe no tiene palabra. Os decía en la introducción a las sesiones que «podríamos y deberíamos ser más felices en el trabajo, podríamos y deberíamos ser más productivos, pero perdemos el foco». Os decía también que «aumenta el estrés en las organizaciones y no sabemos salir del bucle». Salir del laberinto en el que nos hemos metido significa poner a la sutil, delicada, intrépida y poderosa ética, como eje de las relaciones en la empresa.

Una última idea en torno a la palabra dada. A veces, la palabra dada no se puede mantener: ocurre cuando las circunstancias cambian tan drásticamente que uno ya no puede seguir adelante con sus compromisos. Conocí a dos socios de una start-up lidiando con problemas de financiación en plena crisis económica. En la etapa inicial, ambos socios habían sido capaces de inspirar e ilusionar a personas cualificadas para que se unieran al proyecto, en *base a las expectativas que les presentaron. Cuando el proyecto empresarial colapsó solo uno de ellos se quedó para hacer un cierre ordenado, explicando a cada persona lo sucedido. Así pues, nuestros valores determinan si saldremos corriendo o si hacemos las cosas de forma respetuosa.*

La lectura de la carpeta 5/7 había dejado en Clara cierto sabor de añoranza. La añoranza de las tardes en las que su abuelo le contaba las historias del pueblo. La tremenda añoranza de esos afectos que quedan clavados en el recuerdo. La añoranza del olor del campo cuando se abusa de la ciudad. La añoranza de lo que se deja en el camino y no vuelve. Sintió también el peso de la burocracia que atenaza nuestras vidas, aunque a ella particularmente los papeles se le daban bien. Le vino a la cabeza la expresión "tirar del carro", un carro cargado de demasiadas cosas inútiles que se podrían aligerar.

Se comprometió a dedicar algún tiempo a pensar, con su equipo, en cómo recuperar sencillez.

CARPETA 6/7
LA GENEROSIDAD DEL DIRECTIVO

CLARA HABÍA FINALIZADO la lectura de las cinco primeras carpetas, le faltaban dos. Imaginaba que debían existir dos más, la 6/7 y la 7/7, pero no estaba segura de que así fuera. Cabía la posibilidad de que Angelique pensara escribirlas y por algún motivo no llegara a hacerlo. Sentía curiosidad.

—Patricia, ¿tú asististe a las charlas formativas que impartió Angelique sobre dirección y liderazgo? —preguntó Clara a la directora de personas.

—¿Charlas? ¿Qué charlas? —Patricia no entendía.

—He encontrado unos textos en el despacho sobre sesiones formativas que dio en algún sitio. Los estoy leyendo.

—No recuerdo que diera formación —dijo Patricia después de dudarlo un instante—. ¿Por qué lo dices?

—Encontré un archivador con cinco carpetas sobre dirección de personas y parece que faltan dos. Tengo curiosidad, y no las encuentro. Tampoco estoy segura de que llegara a prepararlas.

—Pues no sé, ahora mismo no recuerdo…

—Bah, no te preocupes. Me voy ya, que he quedado —se despidió Clara.

A la mañana siguiente, Clara respondió al móvil al primer tono.

—Buenos días, ¿puedes hablar? —preguntó Patricia.

—¡Claro! ¿En qué te puedo ayudar? —respondió Clara con cortesía.

—Después de que te fueras, estuve pensando en esas carpetas.

—¿Y?

—Antes de irse, Angelique me dejó unos textos. Me dijo que eran solo reflexiones personales, quizá para un libro que tenía en mente. Me pidió que los leyera y que los volviera a dejar en su despacho. Que yo sepa no los preparó para ningún tipo de sesiones formativas…

—¿Recuerdas de qué tratan? —Clara estaba visiblemente ilusionada.

—Uno sobre la generosidad del directivo y otro sobre la exigencia, olvidé devolverlos, pero recuerdo bien algunas de sus reflexiones...

Patricia tenía fama de despistada, pero era lista y siempre escuchaba.

—¿Los tienes ahí?

—Los dejo sobre tu mesa.

—No llegaré al despacho hasta media tarde, tengo que ver con Rocío los nuevos elementos de mobiliario corporativo en el nuevo almacén...

Ya tenía las dos carpetas en su poder. Tomó la sexta carpeta y se dirigió al ascensor mientras se despedía de su secretaria.

—Por favor, Aitana, mañana a primera hora reclama el informe de ventas, lo necesito para mañana por la tarde sin falta.

—Desde luego.

—Recoge y a casa... —le apremió Clara—. Por hoy ya está más que bien.

Carpeta 6/7. La generosidad del directivo

En la sesión de hoy trataré de las formas en las que un directivo puede ser generoso con sus colaboradores.

139

Lo primero que nos viene a la mente es la actitud para fijar buenos sueldos y ofrecer bienes materiales, pero ser generoso tiene muchas otras vertientes. Es el caso de las personas que se dan a sí mismas, con esmero y dedicación. Es el caso de los jefes que permiten a sus colaboradores crecer, distribuyendo poder y dando confianza.

La generosidad relacionada con la retribución

La primera idea es que la retribución económica que recibe una persona debe ser justa y equitativa. Más allá de estas palabras que todo el mundo defendería, ¿qué significa en la práctica? Significa que no se verá afectada por conflicto de interés, favoritismos o arbitrariedades por parte de la dirección. Significa también dedicar la atención suficiente para que esta premisa se haga realidad. No olvidemos que hacer realidad esta premisa no es siempre algo tan sencillo como parece; no es algo automático. Puede que la empresa esté pasando por una situación difícil y haya que controlar seriamente los gastos. Puede que subirle a una persona el sueldo suponga recortar de otros sitios. Puede que mejorar a unos más que a otros cree comparaciones incómodas, de esas en las que siempre nos fijamos en los que cobran más y nunca en los que cobran menos. Probablemente para el jefe sería más fácil y le daría menos problemas decidir "café para todos", pero tomarse el interés de retribuir correctamente es un primer signo de generosidad. Implica que posiblemente se quedará más tiempo en la oficina en los días de la revisión salarial, sin pretender terminar rápido a costa de decisiones poco meditadas.

La generosidad consiste en saber que los colaboradores necesitan ser retribuidos correctamente. Comprendo que los directivos estén del lado de contener los salarios, porque se lo exige la empresa, pero siempre hay excepciones. Es el caso, por ejemplo, de personas buenísimas que llegan a la empresa en tiempos complicados, que aportan mucho valor y que no logran despegar, mientras conviven con personas de sueldos altos que no aportan lo que deberían. El directivo generoso presta atención a las circunstancias dentro de su margen de maniobra y solicita autorización especial en las instancias superiores cuando proceda. Ser generoso es anticiparse y pensar por el otro para retener talento en beneficio de la empresa, sin excusarse ni esconderse.

Al hablar de la buena gente, compartí mis ideas sobre la retribución variable en base a objetivos y advertía de sus posibles efectos colaterales. Completaré la reflexión con nuevos argumentos.

Hace muchos años tuve la suerte de tener un mentor magnífico, cuyos consejos me dejaron una *profunda huella. Me animaba a no recortar los objetivos que mis colaboradores más audaces pudieran fijarse; me animaba a tener conversaciones realistas, pero su consejo era que si finalmente estos querían poner objetivos valientes, que los aceptara. Me decía: «No les cortes las alas», y después añadía: «Y no les castigues en la retribución variable si finalmente no alcanzan los objetivos, porque es una fortuna contar con gente apasionada». Por aclarar, nunca me quiso dar a entender que hubiera que apoyar a los que no pisan la realidad, ni a los que alardean de lo que van a conseguir por ego personal: hablaba de superar la mirada cuadriculada y burocrática. Mientras yo quería que el método funcionara a la perfección, que los objetivos fueran precisos, mi mentor me invitaba a ir más allá.*

Todavía hoy me pregunto qué sentido tiene dar alas a un responsable si toda la logística que va detrás no está coordinada, si no se prevé lo que se puede vender y luego sobra o falta producto. Sinceramente no tengo la respuesta, pero aquel mentor me estaba trasladando una idea poderosa, que la energía no puede ser limitada por los sistemas. Cierto, los grandes innovadores rompen las normas y no importa que las rompan, porque el balance de valor resultante sale siempre a cuenta.

Mientras los responsables más audaces están en los retos con pasión, otros directivos más

conservadores y pragmáticos están en su propia gue-
rra: la de negociar objetivos fáciles para sí mismos,
de continuidad, adornados con toda clase de difi-
cultades para que sean finalmente aprobados. Dos
estilos, dos talantes, dos realidades, y entre medias,
una gama de personalidades.

¿Por qué no hacemos las cosas fáciles y fijamos
objetivos correctos que ni se pasen ni se queden cor-
tos? Que me digan dónde hay que apuntarse que me
apunto, pero ¿sabéis? Todos nos vamos de un lado o
de otro: los buenos se pasan de buenos, los conser-
vadores de conservadores, y los idealistas, de eso, de
ideales. Somos cara y cruz y con esos mimbres, con
esa diversidad, lideramos y tomamos decisiones.

La generosidad a la hora de compartir información

El directivo generoso es aquel que traslada a sus co-
laboradores la información relevante que recibe. Es
el que siente la necesidad de compartir con sus su-
bordinados la situación de la empresa, del mercado
o del entorno, en vez de guardársela para sí. El di-
rectivo generoso no solo da la información estricta
que se necesita para hacer un trabajo, sino que ofre-
ce más, explica el contexto, con sus preocupaciones,
dudas y oportunidades. Quiere que sus subordina-
dos tengan una buena comprensión del sentido de

su trabajo en el conjunto de la organización, desea que se conviertan en cocreadores del proyecto empresarial, porque sabe que de ese modo se refuerza la implicación y se favorece el rendimiento.

La información es estímulo, de algún modo nos impacta, nos afecta. En algún sentido, nos invita a actuar. Si no se comparte información, el engranaje repetirá lo que ha venido haciendo y de la forma en que lo viene haciendo. Sin el estímulo de la información no es necesario cambiar nada. En consecuencia, no hay nada que mejorar.

Encontramos a directivos incapaces de compartir información con su equipo. Hemos visto a esos directivos en reuniones en las que se les ha dado información con todo tipo de detalles, y luego ellos se la guardan para ser imprescindibles o proteger su posición privilegiada. Si preguntamos a sus subordinados no saben nada de la última información de la empresa. La tristeza por ellos me conmueve. Qué pena que te toque un jefe así.

La generosidad en la distribución de poder

Quizá en este momento consiga trasmitiros más claramente por qué me preocupan tanto la ausencia de conflicto de interés, la valentía, estar rodeados de buena gente… Cada uno de esos elementos forman el marco para poder delegar y dar confianza. Sin ese *marco, la delegación puede derivar en malas decisiones, y la confianza puede ser fácilmente defraudada.*

¿Quién tiene y distribuye el poder? El propietario de una empresa es el que tiene, en última instancia, el poder y el control. El poder le pertenece. No es un poder absoluto, porque hay leyes, normas y obligaciones que cumplir. Digamos, para hacerlo sencillo, que el poder es suyo. La responsabilidad también. La tarea de rodearse de un equipo profesional, la estructuración de la organización en áreas, direcciones, departamentos o secciones es un proceso en el que se distribuye el poder y la responsabilidad. En otras palabras: se distribuye el poder necesario para ejercer las funciones y con él, la responsabilidad encomendada. Este poder emana como de una cascada, tiene más fuerza en su origen y es más débil después.

La distribución del poder en cascada es un elemento intangible, no se ve, pero se vive y se siente cuando estamos en la organización. Cuántas veces en una reunión sale un tema que excede el nivel de "poder" de los reunidos y se escucha esa conocida frase: «tendremos que consultarlo con el jefe». Eso ocurre porque la gente suele tener una idea de lo que puede y no puede decidir, en definitiva, de su nivel de poder. En definitiva, el poder es un elemento inmaterial que circula por la organización, en unos sitios más y en otros menos. Y aunque he dicho que circula, a veces no lo hace, o circula poco. Me viene a la mente la comparación con las imágenes por ordenador que hacen los médicos para visualizar el sistema circulatorio; hay sitios donde hay más riego y otros donde se paraliza.

Lo que puede ocurrir es que el jefe que no ha estado en la reunión, ese al que hay que elevar la consulta, esté de acuerdo con lo propuesto, o tal vez no. Si está de acuerdo, ¡qué bien!, se refuerza la confianza en el equipo. Pero puede suceder que no esté de acuerdo. Si no lo está o no confirma lo propuesto se puede deber a dos cosas bien diferentes: una, comprensible y razonable, como que el jefe esté teniendo en cuenta otros factores u otra perspectiva superior que sus colaboradores no han considerado; y otra, lamentable, que el jefe necesite llenar su ego, quiera que todo se lo expliquen a él porque no se fía de nadie o le gusta ser el protagonista único... Entonces el problema es el propio jefe.

Mi convicción es que hay que ser generoso con la distribución del poder en la organización. Dejar que fluya. El poder distribuido permite llegar a más sitios, es la herramienta que posibilita a los miembros de una organización hacer su trabajo con más autonomía, sin tanta consulta y sin tanta espera. Quienes trabajan con jefes que acaparan el poder quizá se conformen y hayan aceptado que su jefe es así, pero no creo que se sientan realizados si realmente valen y tienen ideas propias. Acaparar el poder sin razón justa significa impedir que los subordinados puedan sentirse realmente útiles y valorados. Siempre me ha gustado decir que el jefe tiene un manojo de llaves, las del futuro profesional de sus colaboradores. Es egoísta el jefe que no las utiliza jamás y ni siquiera piensa en ellas. En el otro lado, el jefe generoso observa, sabe quién está preparado y dispuesto a asumir más responsabilidad, quién lo merece. Si estos requisitos se cumplen, le abre el camino.

Decía que mi convicción es que hay que ser generoso con el poder. ¿Y si no se puede delegar porque no tenéis buena gente alrededor? Incluso entonces mi recomendación es dejar cualquier otra tarea que os esté ocupando y dedicaros prioritariamente a crear el equipo. No hay nada más importante que crear un equipo en el que delegar, porque sin equipo no se puede ir muy lejos.

Distribuir el poder, cómo, cuánto y en quién, equivale a organizar la orquesta. Una orquesta que toca buena música con dos premisas innegociables: que no hay conflictos de interés y que la exigencia es incuestionable. El poder no se distribuye si no es para beneficio de la propia organización y de los intereses legítimos de las personas. El poder no se distribuye para que uno cree su propio reino de taifas o para hacer un uso indebido de él. El poder se distribuye exclusivamente para los fines de la organización y al servicio de esta. Si las personas comprenden esta ética del trabajo, si son leales al compromiso con su organización, entonces el poder debe ser distribuido con suficiente generosidad.

La tarea de distribuir poder exige conocer a las personas, saber hasta dónde pueden dar de sí, más allá de las apariencias. Podemos intuir cómo responderán porque les hemos venido observando, pero no vamos a estar seguros de sus cualidades hasta que no las veamos en acción. Hay personas que aparentan ser muy colaboradoras, les pedís algo y siempre os dicen que sí, que lo harán. Pero luego hacen lo que quieren. Ni siquiera se toman la molestia de decir que no lo hicieron. Otras personas no siempre os dirán que sí a la primera, pero podéis estar seguros de que lo estudiarán, que lo harán de corazón si se convencen de ello, o al menos, os respetarán sinceramente si por jerarquía se lo ordenáis. Desarrollar un equipo, promoviendo a las personas individualmente, es un proceso que se cuece a fuego lento. Es siempre un trabajo artesano y no lleva piloto automático.

La generosidad a través de la confianza

La confianza es un enorme regalo para quien la recibe. La confianza es energía recibida de otro, una definición que me parece preciosa.

148

Cuando le decimos a una persona que confiamos en ella, estamos cargándole las pilas para trabajar con más ganas. Me parece sorprendente y mágico que, con el gesto de una sincera confianza, podamos generar tanta energía positiva en el otro. Cuando el líder le dice a un colaborador: «Adelante, estudia el tema, a ver qué propones», o simplemente: «¿Tú qué harías?», una varita mágica invisible impregna al empleado, lo llena del deseo de contribuir y no defraudar, hace que se sienta valorado, escuchado. Aumentará la agilidad, disminuirán los errores, bajarán los costes: es la magia, que no es magia, de conectar a las personas. La confianza se convierte en una fuerza poderosa dentro de la organización y la figura del líder surge nítida, como promotor y gestor de confianzas.

Dar confianza es el resultado de un proceso interno cuyo primer paso es prestar atención a las personas para identificar su potencial. Debéis tener el tiempo para escucharlas, y poner cariño en observarlas... Mirad cómo hacen sus tareas cotidianas, cómo interactúan con los demás, tratad de vislumbrar en ellas esas cualidades profesionales y humanas que buscáis. Si vais demasiado acelerados pretendiendo optimizar vuestro tiempo, es posible que muchas cosas se os pasen por alto. En ocasiones se busca fuera de la empresa un candidato que ya está dentro, porque faltó la generosidad de mirar

149

de otro modo a aquellos a quienes ya conocemos. Ocurre que, cuando se trata de identificar a personas que ya están en la organización, lo que se observa de ellas está limitado por las funciones que se les han encomendado: no se sabe lo que serán capaces de hacer cuando trabajen con las funciones del puesto que buscáis. Es muy probable que haya personas en la propia organización que puedan hacer más y no hayan tenido la oportunidad de demostrarlo. La generosidad de la oportunidad. Y algo más: nadie es perfecto. Tened en cuenta que a los de dentro les vemos los puntos débiles mientras que a los externos todavía no se los vemos, pero también los tienen.

El segundo paso está en dar pequeñas confianzas, para ir probando. No recomiendo dar una gran confianza de golpe, porque causareis daño al retirarla en el caso en el que la persona os falle u os hayáis equivocado al valorar su potencial. Os propongo que empecéis dando las señales oportunas para que sepan que sois personas a las que les gusta delegar y trabajar sobre la confianza. De ese modo os mostráis receptivos a sus ideas y a sus propuestas, les dejáis saber que ambas serán bien recibidas. Es un proceso artesanal, que diseñáis y al que imprimís el ritmo en función de la persona que tienes enfrente. A veces no dará tanto como esperabais. A veces se equivocará o tendrá reacciones diferentes

respecto a las esperadas. El proceso de comunica-
ción por vuestra parte es esencial. Sin una especial
atención a este proceso no vais a encontrar la sinto-
nía que subyace en la confianza y la delegación. Si
alguien os decepciona, explicadle el motivo, pedidle
también que os explique sus razones, comprendedle
y procurad que os comprenda. El proceso sale bien
cuando entra en una espiral positiva de dar y reci-
bir, cuando se establece un diálogo constructivo de
lo que se espera por ambas partes: entonces la con-
fianza se desarrolla con amplitud. Para mí ha sido
el trabajo artesanal más bonito de mi vida profe-
sional. Es el descubrimiento de otro ser humano, de
sus motivaciones, de sus habilidades, e incluso de
sus defectos. Les tiendes la mano para que crezcan
y, si por algún motivo no lo logran, los sigues valo-
rando por aquello que te hizo fijarte en ellos.

El que recibe confianza también se obliga a darla

La confianza no se acaba cuando me la dan a mí,
cuando soy yo quien la recibe. La confianza debe
fluir. Así como la generosidad de mi jefe me per-
mite disfrutar de una autonomía que me agrada,
estoy moralmente obligado a transmitirla a otros, a
los que dependen de mí. Recordemos la imagen de
la cascada.

He conocido a personas que reclamaban para sí mismas un nivel de autonomía amplio, basado en su formación y capacitación para el puesto. He visto a estas mismas personas mirarse el ombligo y atascar el flujo de delegación con sus propios colaboradores. No sé si fueron conscientes de lo que estaban haciendo, de la diferente vara de medir que utilizaban para sí mismos y con relación a otros. Probablemente estaban tan ensimismados en su propio ego que no se dieron cuenta y, si lo hicieron, habría que descalificarlos por falta de nobleza. Que a mí no me gusten esos directivos no significa que no haya personas a quienes les encantan porque se dejan convencer por su apariencia, por mostrarse imprescindibles y exhibir todos los méritos de su equipo como si fueran propios, sin vacilar lo más mínimo.

La generosidad del jefe con vosotros debe fluir: la cascada continúa hacia abajo y en cada nivel las personas deben tener suficiente autonomía para desempeñar su función. Permitid que el poder, la asignación de responsabilidades, la información, las decisiones, los méritos y las recompensas fluyan. Esa es la generosidad del directivo.

El líder no deja de ser imprescindible

¿Y qué hace el líder, si delega tanto?

Recordemos que el líder debe ser guía y referencia. Esas son tareas indelegables, forman parte de su esencia. Como guía, marca el camino, crea y reúne al equipo; como referencia, vela por los valores y por las reglas del juego. Hay, a mi modo de ver, otras dos tareas complementarias e indelegables en la práctica del líder.

La primera: el líder, como jefe, debe ser un "desbloqueador" de temas dentro de la organización, lo cual quiere decir que, cuando un proceso se atasca, cuando el equipo no es capaz de resolverlo por sí mismo, el líder actúa como facilitador. La segunda: el líder, como jefe, debe ser un "transformador" de la realidad de la organización: con su continuo y positivo inconformismo actúa para mejorar la naturaleza de las cosas. Veamos ambas ideas con más detalle.

En la dinámica del trabajo cotidiano, los asuntos se van planteando y resolviendo con más o menos normalidad. Si estamos rodeados de buena gente y delegamos responsabilidades, el trabajo va saliendo adelante de una forma casi natural: la gente se coordina, y con mayor o menor esfuerzo las cosas funcionan. Hasta que el funcionamiento se atasca. Surge un problema, una circunstancia o conjunto de circunstancias que impiden a las personas continuar realizando su trabajo con normalidad, porque el problema acaecido excede de su ámbito de actuación y de poder.

El problema puede haber surgido por varias causas. Quizá porque los procesos de trabajo han quedado obsoletos y la única forma de seguir funcionando es volver a redefinirlos desde el principio. Quizá porque algún conflicto de interés aparece como un nubarrón creando confusión. Quizá porque la necesaria colaboración entre departamentos de distintos jefes no funciona con inteligencia emocional. Quizá porque aparece un problema nuevo que no se sabe cómo tratar. Por razones de este estilo, y por muchas otras que vosotros mismos podríais apuntar, se producen bloqueos en la dinámica de trabajo. La única solución es pedir auxilio al jefe, y lo importante es que esté para darlo. Es posible que el jefe pueda resolverlo solo, porque la solución esté dentro de su nivel de decisión. También es posible que el jefe tenga que adoptar el papel de interlocutor o mediador entre los de arriba, los de abajo y los de al lado, con un único objetivo: desbloquear la situación para que el trabajo siga fluyendo y la gente siga rindiendo.

A este respecto, algunos pésimos jefes utilizan su poder en la empresa para descender a niveles de detalle que no les corresponden. Mientras están entretenidos en revisar temas menores correspondientes a las áreas funcionales de sus subordinados, aquellas que más les gustan, dejan por resolver situaciones problemáticas cuya solución está en sus manos. Si un jefe no es capaz de saber que su responsabilidad no es otra que facilitar el trabajo del conjunto de su equipo, entonces lo mejor es que lo destituyan cuanto antes. Cuando los empleados ven y sienten que el jefe no usa el poder del que dispone para facilitarles la vida, se pierde la admiración y el respeto.

La segunda tarea indelegable del líder, como jefe, es la de ser "transformador" de la realidad, tarea que va muy ligada a la anterior, aunque con un enfoque más proactivo que reactivo. El transformador no actúa para resolver un bloqueo o un problema, sino para que no los haya. Es previsor. Transformar es hacer evolucionar, pensar y provocar los cambios necesarios que no forman parte de la rutina del día a día. Transformar implica tener no solo una vocación de servicio a la organización sino una visión mucho más creadora. Con el poder que el líder dispone puede crear o fusionar nuevos departamentos. Y también los puede eliminar, puede revisar la estrategia e incluso cambiar el ritmo de los proyectos. En definitiva, puede hacer muchas cosas. Cosas que los subordinados de menor nivel no pueden hacer.

El líder, como transformador, ha de llevar el incansable y positivo inconformismo a la organización, ese inconformismo que, a la vez, empuja y estira para hacer la organización más eficaz. El transformador aplica la filosofía de "siempre se puede hacer mejor", sin provocar estrés o miedo. Es un arte de actitud positiva y de saber hacer.

—¿Belén? Buenos días... ¿Puedo hablar con Martina? —preguntó Clara.

—Martina estará fuera del despacho toda la mañana —contestó la secretaria de la directora general—. ¿Le doy algún recado?

—Simplemente déjale nota de que he llamado. Por cierto, ¿comemos juntas hoy?

—Perfecto... ¿A las dos en la cafetería?

—Mejor dos menos cuarto —precisó Clara.

A la hora convenida, en punto, Clara y Belén se encontraron en la cafetería.

—Menuda mañana llevo, ni te la imaginas —dijo Clara, casi antes de sentarse.

—Claro que me la imagino...

—Quizá deba delegar más, aunque todavía estoy conociendo a mi equipo y todavía no estoy segura de qué, cuánto y en quién puedo delegar ciertas cosas.

—Es que llevas pocas semanas en el puesto, pero ya te digo que el mundo no se va a acabar hoy.

La mutua sintonía entre ellas era como una bendición. Contar con una amiga en la empresa suponía un respiro dentro del ajetreo. La mente de Clara no paraba de pensar en sus responsabilidades, pese a los intentos de su amiga por hablar de cosas más intrascendentes, incluido su fin de semana en Milán. Pero Clara estaba obsesionada con su carga de trabajo y con su empeño en aprender a delegar. Le habló de lo que había leído acerca de la generosidad de la dirección. Belén se limitó a escucharla.

—El próximo día te cuento de mi viaje a Milán, te lo prometo. Estuvimos en un restaurante que te encantaría...

—A ver si es verdad —respondió afable Belén.

—Ahora tengo reunión con Eliseo —dijo Clara. Era el responsable financiero de la empresa.

—¿Quieres un consejo? No se te ocurra mencionar las carpetas de Angelique. Eliseo es muy cuadriculado, no sabe delegar y esos temas están fuera de su onda.

—¿Se llevaba mal con ella?

—Incompatibilidad de caracteres —sentenció Belén—. En cierta ocasión tuvieron una discusión fuerte. Parece ser que Eliseo emitió un juicio muy equivocado e injusto de algo que había sucedido en el área de Angelique... No sé exactamente que fue. Tengo entendido que ella perdió los nervios. Pero de eso hace muchos años. Nunca más volvieron a levantarse la voz, pero la guerra fría estaba servida.

—No se me hubiera ocurrido hablar de estos temas con él. Me da la impresión de que solo atiende a números y a datos —confió Clara a Belén—. En la primera reunión que mantuvimos para los presupuestos percibí cierta reticencia hacia la dirección de marca... cree que no hacemos más que gastar. Yo diría que prefiere a los que fabrican o a los que venden. Olvida que lo que se fabrica y se vende va arropado por una marca que nosotras cuidamos...

Martina recibió la nota de Clara, y le devolvió la llamada.

—Supongo que me llamas por lo del sistema de información —se adelantó la directora general—. Andrea ya me ha comentado vuestras discrepancias.

Martina se refería a la directora de sistemas de información.

—Filippa y yo estamos justo ahora revisando nuestra petición.

Clara había solicitado a Andrea la mejora de ciertas aplicaciones informáticas, pero Andrea consideraba que requería demasiadas horas de análisis y de programación.

—Me he basado en el estudio que hicimos sobre la fidelización —explicó Clara, aunque Martina sabía perfectamente a qué estudio se refería, pues ella misma se lo había encargado nada más incorporarse—. Filippa y yo estamos de acuerdo, ya hemos ajustado nuestra petición todo lo posible —añadió Clara.

—Lo sé, pero Andrea tiene razón en que no podemos dedicar tantos recursos a estas aplicaciones, tendréis que *reducir* las expectativas —argumentó la directora.

—¿Reducir?

Clara estaba perpleja, no esperaba esta respuesta de Martina. Pensaba que la devoción de la directora general por la marca no le iba a exigir tal sacrificio.

El rostro de Filippa se desencajó al oír la palabra "reducir".

—Podríamos incorporar *software* externo, aunque no sea totalmente preciso —propuso Clara.

—No —confirmó Martina secamente.

—Lo necesitamos para alcanzar los presupuestos que estamos fijando —recalcó Clara una vez más, sin dejarse vencer a la primera.

—Hay que recortar. Los accionistas lo exigen. Reconsiderad el valor para el negocio de cada una de las mejoras que solicitáis, y volved a hablar con Andrea a ver si llegáis a un acercamiento. La semana que viene deberíamos reunirnos para concretar la decisión. Le diré a Belén que os convoque. ¿De acuerdo?

—De acuerdo —aceptó Clara. En su interior no estaba de acuerdo.

Tras colgar, se creó un cierto silencio entre ambas mujeres.

—Todo lo que estamos solicitando es necesario, Andrea no lo comprende y por eso no lo quiere hacer —suspiró por fin la italiana—. Andrea es incapaz de ver más allá de sus intereses...

—Haremos lo que ha dicho Martina. Imagino que ella ya lo habrá defendido lo mejor posible ante los accionistas, y es lo que tenemos —concluyó Clara, zanjando todo comentario.

CARPETA 7/7
LA INELUDIBLE EXIGENCIA

Martina llamó a Clara para preguntarle sobre un asunto de desarrollo de producto que se estaba demorando; quería una explicación. Clara llevaba muy poco tiempo en el puesto y los aspectos técnicos se le escapaban, así que localizó a Ana inmediatamente.

—Martina quiere saber lo que pasa con la línea de manos, quiere una explicación para mañana —comenzó a decirle a Ana—. Dime qué pasa.

—El problema es de uno de los compuestos de la fórmula. Le he pedido a Arturo que resuelva el tema, pero no lo acaba de arreglar, y cuando le pregunto, se va por las ramas.

—¿Cuánto tiempo lleva así?

—Dos meses...

—¿Tenemos un problema con Arturo, o con ese compuesto?

—Uf... menuda pregunta —respondió Ana—. No sé que le pasa a Arturo, le veo descentrado y poco resolutivo.

—¿Algún problema personal que le pueda estar afectando?

—Si lo tiene, se lo guarda para él...

—Ya hablaremos de Arturo. Ahora te pido que prepares una explicación y, sobre todo, una solución. El mercado no entiende de problemas internos; nuestra obligación es resolverlos —dijo Clara con firmeza—. Necesito que tomes las riendas, no podemos ir a Martina con las manos vacías. Infórmame esta tarde de lo que vamos a proponerle.

—Entendido —dijo Ana.

El título de la siguiente carpeta le gustó: la exigencia. ¿Dónde irían sin ella, sin plazos, sin un adecuado servicio? La había practicado consigo misma, y podía apreciarse en sus resultados académicos y en su indiscutible entrega en el trabajo. También la practicaba con otros. Pero siempre existía el riesgo de pasar por una persona dura, y eso no le agradaba.

CARPETA 7/7. LA INELUDIBLE EXIGENCIA

Hay que trabajar bien, ante todo. Que se valore la sinceridad, que se acepten los errores, que se respete la libertad de opinar y que se otorgue confianza debe revertir en un mejor desempeño. Las sesiones anteriores presentan el escenario para que podáis concentraros plenamente en el trabajo y en los retos. En otras palabras: limpia el entorno de cosas inútiles, distracciones, obstáculos y miedos, todo ello para disfrutar de un ambiente saludable que favorezca el rendimiento.

Tener un guía y una referencia dará solidez al proyecto. La ausencia de conflictos de interés allanará el camino en vez de complicarlo, iluminarlo en vez de oscurecerlo. La valentía permitirá un entorno más creativo y con menos prejuicios, donde las personas puedan ser ellas mismas. Estar rodeado de buena gente ayudará a no perderse en incompetencias. Respetar la palabra dada simplificará las cosas. La confianza aumentará la energía de las personas que tienen que realizar el trabajo. Pero este debe hacerse, y debe hacerse bien.

Defiendo la exigencia con tanta convicción como defiendo la creación de entornos saludables. Sin exigencia los proyectos no salen, las personas se acomodan y las rutinas ineficaces e ineficientes asumen el protagonismo. Exigir significa no dejarse vencer por la comodidad, encontrar el impulso y el coraje en uno mismo para volver a sugerir que quizá haya otro modo de hacer las cosas. A veces es cuestión de dar sucesivas vueltas de tuerca a los procesos, pasando de un reto a otro sin quebrar la moral del equipo. Otras veces, cuando la tuerca ya está suficientemente apretada —es decir, cuando las cosas ya se están haciendo bastante bien— la exigencia pasa necesariamente por cambiar de paradigma, y hacer las cosas de forma diferente; no necesariamente con más esfuerzo, aunque probablemente sí con mayor preparación. La formación, el reciclaje, como se llame, es el único camino.

Administrar la exigencia puede ser un arte, porque no hay vara de medir que os diga exactamente hasta dónde apretar, o cuándo hay que aflojar. Tan malo es no llegar como pasarse. No se puede pedir a unos demasiado y a otros demasiado poco, cosa que ocurre cuando sobrecargamos más a los que siempre responden, y dejamos por imposibles a los que se escaquean. Tampoco se puede exigir dependiendo del humor con el que nos hemos levantado o con las presiones que recibimos. La exigencia debe ser coherente, acorde a los medios disponibles y a las funciones de cada persona.

La exigencia llevada al límite, como todo en la vida, puede ser abusiva y manifestar falta grave de sensibilidad y generosidad. Tampoco hay que *dejarse llevar por el criterio bienintencionado del equipo cuando defiende que no puede asumir más carga de trabajo; muchas veces sí puede, simplemente necesitaba reorganizarse para ser más eficaz. Las resistencias al cambio surgen para haceros dudar de si estáis exigiendo demasiado. ¿Qué preguntas poderosas debemos hacer al equipo para que revise su modo de operar? ¿Qué necesita y no pide? ¿Qué sabe y no expresa?*

La exigencia no siempre es bien recibida, por sus connotaciones negativas. De ser una excelente cualidad pasa a verse como defecto. Cuando nos hablan de ella inmediatamente nos viene a la mente la idea de más esfuerzo, más dificultad o menos recompensa. Pero es importante volver a colocarla en el lugar que corresponde.

La exigencia no siempre está bien vista porque es delatora de pobres actitudes o de pobres resultados, pone en el punto de mira a quienes muestran repetidamente su incompetencia o no están dispuestos a remar con suficientes ganas. Mi opinión es muy clara en tales casos: la organización debería dejarlos atrás, porque ni los recursos ni el tiempo son infinitos. Un equipo no puede esperar permanentemente a los rezagados. La organización no puede sobrevivir ralentizada. Desde luego no en nuestro mundo, ni con las contraprestaciones que esperamos de nuestra sociedad. La exigencia debe verse como un valor

165

positivo, una herramienta de crecimiento, una alia-
da para el progreso. La exigencia nos proporciona
calidad, servicio, futuro, riqueza y empleo.

Cuando acabó de leer se dio cuenta de que Angelique no temía ser tachada de dura. Recordó
que Patricia le había dicho que no había visto
a nadie que defendiera la marca y la calidad de
los productos como ella. Sí, estaba de acuerdo
al cien por cien.

Clara llamó a Ana para volver a hablar de
Arturo.

—Hemos solucionado el tema con Martina
por el momento, pero no quiero parches. Dame
más información del perfil de Arturo.

—Es un técnico experto, tiene mucha experiencia y ha resuelto temas complejos que otros
no sabían resolver. Normalmente cumple los
plazos previstos, pero últimamente no ha estado muy acertado, la verdad.

—¿Crees que debemos prescindir de él o ce-
sarle de su responsabilidad? —indagó Clara.

—Opino que debemos darle otra oportunidad...

Clara era consciente de que Ana no era
bastante firme cuando se trataba de elevar la

exigencia o de despedir a alguien. Clara quería transmitirle que esperaba de ella más firmeza, que no debía esperar a que un tema explotara en las manos de la directora general para tomar medidas. Deseaba confiar en ella, pero tenía demasiadas dudas. Si delegaba en ella la decisión ya sabía lo que sucedería: Arturo se quedaría. Si hacía caso a Martina, a su impaciencia y a su exigencia, debería prescindir de él lo más pronto posible. Sintió que Angelique planteaba demasiadas preguntas, demasiadas reflexiones, pero era ella la que tenía que dar las respuestas.

Iván llegó eufórico a casa, había ganado un pleito y estaba de buen humor. Fue a por una botella de champagne para celebrarlo con ella.

—¿No te alegras? —preguntó al verla tan callada.

—Sí, me alegro mucho, es un gran éxito. ¡Enhorabuena!

—Nos vamos a regalar un viaje, iremos a algún lugar exótico, ¿te apetece? Voy a recibir una prima de éxito sustanciosa por el pleito, deberíamos disfrutarlo juntos.

—Claro, será genial, confirmó escuetamente Clara.

—El socio-director del despacho estaba contentísimo, me ha felicitado. Este éxito me ayuda a ganarme su confianza. Pero a ti no te veo muy feliz, ¿me equivoco?

—Estoy contenta por ti, incluso por nosotros, pero hoy he tenido un día complicado. Clara esbozó una sonrisa que no resultó espontanea.

—¿Por qué?, ¿qué ha ocurrido?

—La directora general quiere que despida a uno de los técnicos de mi equipo; mi subordinada, y jefa del técnico, quiere darle otra oportunidad. Y yo estoy en medio, tratando de hacer lo justo. La directora general es muy impaciente, mi subordinada no es lo bastante firme y yo me encuentro en ese dilema.

—¿Quieres mi opinión? Creo que tú misma te estás dando la respuesta... dices que tu subordinada no es bastante firme y tu jefa ya se ha impacientado, ¿no? Entonces es probable que tengas que despedirlo.

—Pero esas no son razones suficientes. Lo importante para tomar una decisión es analizar su competencia para el trabajo y su compromiso. Cómo sean la directora o mi subordinada es secundario, la decisión es mía y quiero hacer lo correcto.

—¿Lo correcto? Pues creo que hoy lo correcto es celebrar que voy a recibir una prima muy importante y que nos vamos de viaje.

A pesar de las palabras de ánimo de Iván, Clara no salía del bucle. Necesitaba darse a sí misma una respuesta para dejar de pensar en el asunto. El joven abogado se sintió decepcionado.

—No puedo creer que no celebremos este día... —se quejó Iván.

Aquella conversación se torció y acabó mal. De una parte, la joven directora de marca no supo desconectar de su trabajo al llegar a casa, y se había dejado llevar por el cansancio. De otra, los argumentos de Iván resultaban oportunistas y daban a entender que Clara debía agradar a la directora general para ganar su favor, sin dar apenas importancia a lo que era correcto.

EL VIAJE

CUANTO MÁS MEDITABA en las ideas de las carpetas más matices encontraba. Deseaba ser mejor persona y mejor directiva, y había encontrado una fuente de nuevas ideas para su propio crecimiento personal. Pero, lamentaba que la reflexión le robara la alegría, y se convirtiera en un círculo de preocupación. Pensó que debía estar en esa etapa de la curva de aprendizaje donde llegas al punto más bajo, pero ella era una luchadora.

Se preguntaba por el libro que Angelique le había dicho a Patricia que iba a escribir. ¿Lo estaría escribiendo acaso?

—Patricia, ¿tú crees que podría contactar con Angelique? —preguntó Clara.

—Supongo que sí.

—¿Crees que se extrañará?

—Lo que es seguro es que sus ideas te han impactado. Me sorprende verte tan interesada.

—Pues la verdad es que me hace pensar.

—Creo que no pierdes nada si tratas de hablar con ella. Quizá puedas escribirle un email —sugirió la directora de personas.

—¿Tú tienes su email?

—No, pero te sugiero que le preguntes a Isabel, de cuidado facial. Eran buenas amigas y creo que mantienen el contacto.

—¿Pero tú crees que le importará que le escriba, ahora que ya está retirada?

—Hazlo y lo sabrás.

—Prefiero pensarme bien lo que le voy a decir —lanzó Clara.

Clara contactó con Isabel para saber si tenía el email de Angelique. Pedirle su correo sin más explicaciones resultaba extraño, así que quedaron a comer en la cafetería para explicarle lo que pretendía. A Clara le encantó conocer a Isabel en su faceta personal, descubrió a una verdadera madraza con cuatro hijos y un gran sentido del humor. Isabel parecía no sofocarse por nada y sacaba tiempo de debajo de las piedras para llegar a casi todo.

Ese sábado, Clara estaba en el pequeño balcón de su casa tomando un té con hielo y limón, entre un montón de informes. Como cada fin de semana, aprovechaba para descansar y hacer deporte por la mañana, y por la tarde aprovechaba para leer documentos que no había tenido tiempo de estudiar. Siempre programaba al detalle la semana que tenía por delante. No le gustaba llegar los lunes al trabajo sin una idea clara de su plan de trabajo. Prefería sentirse preparada, y así comenzar la semana con una buena dosis de confianza en sí misma. Ese fin de semana, también pensó en cómo presentarse a Angelique.

Estimada Angelique,

Como Isabel le habrá explicado, soy la nueva directora de marca y, aunque no nos conocemos, me gustaría tener la oportunidad de conocerla y poder conversar.

No sé si usted es consciente de que dejó en la empresa unos textos donde desarrollaba algunas ideas de liderazgo. En estos momentos ocupo el que fue su despacho, de ese modo he podido acceder a los textos que le comento. Espero que no le importe que los haya leído.

Tengo que confiarle que siento admiración por su filosofía sobre la dirección de personas. Sus ideas

han conseguido llamar significativamente mi aten-
ción. Por ese motivo me encantaría, como le decía,
poder hablar con usted, si le parece bien y tiene
disponibilidad.

Me han dicho que usted vive ahora en el sur
de Francia y, casualmente, yo pasaré una semana de
vacaciones en Gerona, concretamente la segunda
semana de agosto, así que podría visitarla. Pero no
quiero robarle en absoluto su tiempo, ahora que
está desvinculada de la empresa. Si no fuera posible
lo entendería perfectamente.

Espero sus noticias. Le mando un cordial saludo,
Clara

La respuesta al email de Clara llegó un día
después.

Querida Clara,

Muchas gracias por su amable email. Yo tam-
bién tengo muy buenas referencias suyas. Me ha
comentado Isabel que usted tiene muy buena pre-
paración y una gran energía positiva.

Estaré encantada de conocerla si puede acercar-
se al pequeño pueblo donde vivo ahora, a tan solo
hora y media de Gerona, en el sur de Francia. No
tengo la agenda muy comprometida así que pro-
póngame una fecha, o mejor dos, y trataré de estar
disponible.

Y, por cierto, le recomiendo que no venga con prisas, el atardecer es fresco y precioso en este lugar.
Un afectuoso saludo,
Angelique

Así fue todo de rápido: escribir y quedar.

Acabó el mes de julio, y luego llegó la segunda semana de agosto, Clara se encontraba de camino al pueblo donde ahora vivía Angelique. Imaginaba a una mujer de cincuenta y muchos, pero no sabía gran cosa de sus circunstancias personales, ni del motivo concreto por el que dejó la empresa.

Se detuvo a preguntar a un muchacho por la dirección exacta de la casa. Este se la indicó; era una zona del pueblo donde se respiraba una gran tranquilidad. A Clara le pareció un lugar privilegiado, porque además estaba cerca de una pintoresca zona de tiendas.

Clara llamó para decir que ya llegaba, y poco después salía una mujer a recibirla en el jardín de una bonita casa de pueblo. Era Angelique. La primera impresión de Clara al verla fue de una gran cordialidad y equilibrio, sensaciones que se fueron afianzando a lo largo de la tarde.

Tras las presentaciones iniciales y un sereno paseo por el jardín, entraron en la casa. Angelique había preparado algunas bebidas y unos dulces del lugar. Se sentaron en la terraza, bajo la sombra de los árboles.

Clara le explicó a grandes rasgos su anterior vida profesional y cómo había llegado a la empresa. También le contó algunas cosas de su vida familiar y de las circunstancias personales que le habían llevado a tomarse una semana de vacaciones en Gerona. Angelique, por su parte, le contó las suyas. Aquella mujer con nombre francés, todavía joven para retirarse como directiva, le contó que tenía una nieta de pocos meses, que su hija había tenido serios problemas médicos con su embarazo y que por esa circunstancia dejó el trabajo.

—Mi hija me llamó un día en plena reunión de plan de negocio —contó Angelique—. Estaba pasándolo mal. Escucharla me dolió en el alma y en todo el cuerpo. Estuve días dándole vueltas a tantas ocasiones en las que no estuve con ella y pensé que quizá era el momento de establecer nuevas prioridades.

—Comprendo —asintió Clara.

—Martina fue comprensiva, se lo agradecí y llegamos a un acuerdo económico.

—Cuánto me alegro... —exclamó Clara.

Angelique se detuvo por unos segundos recreando lo que tenía en mente.

—Lo extraordinario es que yo necesitaba a mi hija tanto o más que ella a mí —prosiguió—. Estos meses han significado mucho para las dos. Ahora está completamente recuperada, vive en la ciudad con su marido y la niña, a tan solo 14 kilómetros de aquí.

—Me alegro mucho. Además —alabó Clara cuando Angelique le mostraba una foto de la pequeña— tiene una nieta guapísima.

Angelique le devolvió una delicada sonrisa.

A Angelique la vida le cambió en pocos meses. No le importó dejarse sorprender por la vida y aceptó positivamente el cambio que se le brindaba. Pensaba que había cumplido su papel en la empresa y que otra mujer más joven, más capaz o con nuevas ideas podría sustituirla. No sentía el apego al puesto de quien se cree imprescindible. Tan solo le preocupaba que quien le sustituyera no fuera sensible a ciertas realidades que ella había ido descubriendo. ¿Cómo podría hacérselas llegar para que no se perdieran o malgastaran?

—Como le dije en mi email —siguió Clara— sus charlas me han parecido muy interesantes. Supongo que sus oyentes le harían muchas preguntas ¿verdad?

—No muchas —respondió Angelique escuetamente.

—¿No? —replicó Clara extrañada—. Pues yo sí tengo algunas… si no le importa —Clara aprovechó el momento.

—Deberíamos tutearnos —propuso su anfitriona—. Al fin y al cabo hemos compartido reflexiones bastante personales, aunque haya sido en la distancia...

—Desde luego —convino su nueva amiga con gratitud.

Clara comenzó a preguntarle. Quería resolver sus interrogantes sobre aquella mujer.

—Me pregunto —comenzó— de dónde surgió la necesidad de comprender más y mejor ciertas cosas. ¿Por qué no te conformaste con lo que hace todo el mundo?

—¡Menuda pregunta me haces! —replicó Angelique, sonriendo—. A ver cómo te lo explico...

Clara puso toda su atención.

—Hace aproximadamente catorce o quince años tuve la desgracia, y a la vez la fortuna, de verme en una situación profesional que me marcó. Digo que también fue una fortuna porque aprendí mucho de aquella experiencia. Fui víctima de un jefe y de un entorno caótico y tóxico, con muy poca inteligencia emocional. No debí aguantar tanto en aquella empresa, pero por aquel entonces mi marido murió de forma inesperada, se me acumularon los problemas económicos y no quería quedarme sin trabajo. Lo pasé mal y perdí buena parte de mi autoestima; tuve que buscar respuestas para seguir adelante. A fuerza de buscar —su voz era serena, relajada—, las encontré dentro de mí misma. Sentía que los libros de motivación o de dirección de personas no daban luz a mis problemas ni contestaban a mis preguntas. Descubrí que, sin la ética, como variable esencial, no había respuestas válidas. Inicié un proceso de crecimiento personal. Encontré mi enfoque y eso me dio paz.

—Creo que te entiendo. A veces solo la dificultad tiene la capacidad de enseñarnos determinadas cosas —opinó Clara.

—Así es... Si todo nos va de maravilla es posible que dejemos de percibir muchas cosas —corroboró Angelique.

—¿Cómo es que olvidaste las carpetas en el despacho?

—No, no las olvidé —contestó Angelique sin dudar lo más mínimo.

—¿Y entonces? ¿Por qué las dejaste? —interrogó Clara.

—Las dejé para ti.

—¿Cómo...?

—Sí, las dejé para quien me sucediera, y esa eres tú - dijo Angelique, mirándola fijamente.

La sorpresa de Clara era mayúscula.

—Pero... ¿no eran charlas que diste?

—Charlas para ti. Exclusivamente para ti.

La invitada se quedó pensativa, tratando de atar cabos.

—Pero estaban redactadas como sesiones formativas —insistió Clara.

—Cierto. Creí que si te las dejaba como si fueran sesiones formativas para un grupo de oyentes te resultarían más fáciles de leer. No quería incomodarte pretendiendo darte lecciones. Ni ponerte en ningún compromiso...

—Esto sí que no me lo podía esperar —exclamó Clara, completamente admirada—. Me dejaste libertad de leerlas, o no..., sin presionarme. Eso es increíble.

—Eso intenté —prosiguió Angelique, satisfecha—. Lo que no sabía es si conseguiría captar tu atención. Sé bien que la empresa suele contratar a mujeres muy capaces, pero no podía estar segura de que llegarías a leer las ideas o si te interesarían. Pero aquí estás. Me alegré muchísimo cuando me escribiste...

—Y aquí estoy... —celebró Clara.

—Ten en cuenta una cosa. Me fui por un proyecto de vida personal, ahora vivo de un modo más tranquilo y no menos pleno. Me ocupo de cultivar aspectos afectivos y familiares de mi vida que sacrifiqué durante años. Pero de ningún modo dejé la empresa por agotamiento o falta de motivación: amaba mi trabajo y valoraba a muchas de las personas con las que trabajaba. Me dolía irme sin tener la oportunidad de trasmitir mis experiencias a mi sucesora.

—Siento que lo pasarás mal en aquel momento —empatizó Clara—. Pero ahora tu objetivo se ha cumplido. Gracias a tus reflexiones me he sentido acompañada, y ahora tengo una confianza renovada en mí misma. ¿Sabes a qué me refiero?

—¿Renovada?

—Creía saber "las cosas que había que saber"; pero ahora ya no es suficiente. Con cada una de tus ideas me he dado cuenta de que se puede pensar diferente, que las cosas pueden tener otro enfoque y que no hay error, ignorancia, irresponsabilidad o inmadurez en ello. La irresponsabilidad es no profundizar, quedarse en la superficie.

—Es muy importante lo que dices —reconoció Angelique con satisfacción.

—Me he dado cuenta de que puedo pensar verdaderamente por mí misma, como lo hiciste tú. Esa es mi confianza *renovada*. A veces te ves enfocada a ver las cosas desde una única perspectiva. En la universidad y en los másters te transmiten conocimientos tan extensos y documentados que casi no te atreves a cuestionarlos; ahora siento que puedo ser mucho más audaz.

—Me encanta oírte —rio Angelique—. Pero lo bueno está por llegar. Ni siquiera tienes que llegar a mis mismas conclusiones. Reflexionar no es una meta, sino un proceso; el tuyo lo tienes que hacer por ti misma. El libro de tus conclusiones será diferente al mío.

—Cuando escriba mi libro sobre dirección de personas te mandaré un ejemplar dedicado

—bromeó Clara—. Por el momento me concentraré en tratar de ser una buena guía y una buena referencia para mi equipo, y en resolver complejidades en vez de crearlas.

—Un excelente objetivo —apuntó Angelique—. Nuestras energías no son infinitas, necesitamos enfoque y concentración para hacer un trabajo de calidad. Necesitamos seguridad y estabilidad para atrevernos a innovar. Necesitamos confianza y bienestar para poder dar lo mejor de nosotros mismos. En definitiva, necesitamos un entorno de trabajo saludable. Cuando todo eso nos falta, las complejidades, debilidades individuales, intereses no alineados, falsos estereotipos e incompetencias acaban restando eficacia a las organizaciones y generando mucha infelicidad en quienes trabajan en ellas.

—¿Y por qué no cambiamos de una vez las reglas del juego? —aventuró Clara—. ¿Como podríamos conseguirlo?

—No debes impacientarte. No es nada fácil salir de los círculos viciosos. Unas personas simplemente no quieren, otras no creen que pueda hacerse, otras no encuentran nunca el momento. Pero a los que quieren hacerlo y encuentran el valor, como tú, les animo y de antemano les felicito. Serán más libres y contribuirán a hacer realidad cosas que realmente merecen la pena.

Había sido un rato de conversación enormemente grato. Clara se sentía como quien finaliza un máster, aunque sentía bailar demasiadas piezas sueltas en su cabeza, que debía seguir recolocando. Ahora sabía cómo hacerlo.

—¿Puedo llamarte de vez en cuando, Angelique? —le dijo a su anfitriona.

—Siempre que quieras... Y por favor, no te olvides nunca de sonreír, te sienta muy bien la sonrisa y puede ser una gran aliada. ¿Te enseño el pueblo? Ahora es el mejor momento, cuando el sol está bajando. Así conoces a mi querido Armand, un hombre extraordinario. Te gustará.

ESTE LIBRO, PUBLICADO POR
EDICIONES RIALP, S.A.,
MANUEL URIBE 13-15, 28033 MADRID,
SE TERMINÓ DE IMPRIMIR EN
ANZOS, S. L., FUENLABRADA (MADRID),
EL DÍA 18 DE SEPTIEMBRE DE 2024.